Catalogue of Ancient Coins in the Ossoliński National Institute Library

Part 1

Coins of the Roman Republic

Polska Akademia Nauk
Zakład Narodowy im. Ossolińskich
Biblioteka

Gabriela Sukiennik

Katalog starożytnych monet w zbiorach Biblioteki Zakładu Narodowego im. Ossolińskich

Część 1

Monety republiki rzymskiej

Polish Academy of Sciences
Ossoliński National Institute Library

Gabriela Sukiennik

Catalogue of Ancient Coins in the Ossoliński National Institute Library

Part 1

Coins of the Roman Republic

Wrocław · Warszawa · Kraków · Gdańsk · Łódź
Zakład Narodowy im. Ossolińskich
Wydawnictwo Polskiej Akademii Nauk
1985

Okładkę projektowała Anna Płotnicka

Fotografie wykonał Edmund Witecki

Redaktor Krzysztof Plater

Redaktor techniczny Anna Kowalska-Grygajtis

ISBN 83-04-01661-3

Zakład Narodowy im. Ossolińskich — Wydawnictwo. Wrocław 1985.
Nakład: 1900 egz. Objętość: ark. wyd. 7,50, ark. druk. 8,50 A_1-11.
Papier druk. sat. kl. III, 80 g, 70×100. Oddano do składania 1983-11-30.
Podpisano do druku we wrześniu 1985.
Druk ukończono we wrześniu 1985. Wrocławska Drukarnia Naukowa. Zam. 3906/85
Cena zł 150.—

Contents

Foreword

The numismatic collections of the National Ossoliński Institute were initiated by its creator and founder, Count Józef Maksymilian Ossoliński (1748–1826), a descendant of one of the most eminent Polish houses and owner of ancestral estates in the south-eastern part of Poland which, after the first partition of the country, was incorporated into the Austrian state. A patriot and a scholar, Ossoliński focused his scientific interests on the problems of the origins of Slavs and the history of Polish Renaissance literature and culture. The crowning achievement of his scientific work were the *Wiadomości historyczno-krytyczne do dziejów literatury polskiej* (Historical-Critical Observations on the History of Polish Literature), a collection of literary and bibliographic monographs on Polish scholars and writers.

Having, in 1793, settled in Vienna where he found an intellectual milieu cherishing interests akin to his own, he began, after Poland lost its sovereignty in 1795, creating on a larger scale his own library collections. The main purpose of his effort was to save manuscript and printed relics of Polish literature from annihilation and to create a workshop for future researchers of Poland's national past. He collected not only books and manuscripts but also, in accordance with the tendencies and predilections of his time, exhibits of a museum nature. Cartographic, graphic, and numismatic collections were also included in his rich and valuable holdings; here, as in the library, Polish and Poland-related items prevailed[1].

In 1809 the Austrian Emperor, Franz I, appointed Ossoliński prefect of the Court Library (Hoffbibliothek; now: die Oesterreichische Nationalbibliothek) which he remained until his death in 1826. During a short period of liberalization of the Austrian anti-Polish policy, Ossoliński skilfully exploited his high position in the court hierarchy as well as his scientific authority to obtain the Emperor's consent to create a Polish public library of his own collections (1817), and a foundation for maintenance and further development of the library from his estates.

In 1823 Ossoliński entered into a contract regarding his foundation with Prince Henryk Lubomirski of Przeworsk (1777–1850), the well-known Galician magnate, politician, and owner of rich museum and library collections. According to the contract, the family collections of the Lubomirskis were to be merged into the Ossoliński foundation, forming within it a separate part under the name of the Lubomirski Museum. At the same time it was agreed upon that members of the Lubomirski family would take charge, as so-called library curators, of the administrative and scientific side of the entire foundation as well as assume control over the implementation of the statutory provisions for both parts of the Institute: the library and the museum. The foundation started operating in 1827 after the transportation of the

---

[1] W. Jabłońska, *Józef Maksymilian Ossoliński. Szkic biograficzny*, Wrocław 1967; J. Kapuścik, *Mecenas i uczony J. M. Ossoliński i jego działalność historyczno-literacka*, Kraków 1979; J. A. Kosiński, *Biblioteka fundacyjna Józefa Maksymiliana Ossolińskiego*, Wroclaw 1971.

collections, according to the founder's will, from Vienna to Lwów, the then capital of the Kingdom of Galicia and Lodomeria. Gwalbert Pawlikowski of Medyka (1783–1852), a well-known collector of prints, manuscripts, drawings and coins, and friend of Ossoliński, supervised the moving of the collections on behalf of the Galician States.

Still in Ossoliński's lifetime the first register of his numismatic collections was made by Stanisław Poradowski. A second list, also a provisional one, was prepared after Ossoliński's death by Gwalbert Pawlikowski who collated it with Poradowski's register. According to the new list, dated in Vienna on March 17, 1828 and entitled, *Spis medalów i pieniądzów, które się w szkatule po śp. JW Józefie Maksymilianie hr. na Tęczynie Ossolińskim pozostałej — przez tegoż Ustanowieniu Naukowemu im. Ossolińskich we Lwowie zapisane — znajdowały* (A register of medals and coins found in a casket left by the late Józef Maksymilian Ossoliński Count of Tęczyn and bequeathed by him to the Ossoliński Scientific Establishment in Lwów), the collection comprised 1129 coins, medals, counters and medallions, a considerable portion of them (about 460 items) being Polish coins. Among foreign coins especially valuable were the ancient ones, exclusively Roman, 57 in all (44 silver and 13 bronze), including 56 from the Imperial times and 1 from the times of the Republic[2]. After Ossoliński's death his numismatic collections were deposited by Gwalbert Pawlikowski in the Nobility's Court of Lower Austria in Vienna. On 27 June 1823 they were turned over to the National Ossoliński Institute being created in Lwów[3]. Prince Henryk Lubomirski added his own numismatic collection to them, in compliance with the contract of 1823[4]. The first director of the library, the Reverend Franciszek Siarczyński, united both collections and thus created a nucleus of the future Lubomirski Museum which did not emerge in its ful shape until 1889, after various legal obstacles had been removed.

Director Siarczyński charged two well-known Lwów numismatists, Count Ignacy Łoś and Count Ignacy Krasicki, with the arrangement and listing of the united collection. The former made a register of Polish coins and the latter of the foreign ones. Both registers were completed before the end of 1828 and can still be found in Ossolineum collections[5]. Krasicki's inventory was then rewritten in two clean copies on Siarczyński's instruction and under his supervision. Ossoliński's Roman coins are described in it on pp. 1–2 (bronze) and 3–9 (silver) while Lubomirski's coins on pp. 75–421. The ancient collection then comprised about 2700 coins. Soon after starting the Library in Lwów, new acquisitions were made by purchase, exchange and gifts. In the period between March 1828 and the end of September 1829, the numismatic collections were enriched by gifts from the following persons: Stanisław Jaszowski, historian and playwright (37 coins), Adam Junosza Rościszewski, historian

---

[2] National Ossoliński Institute Library (further in abbr.: Ossol.) MS. no. 1303/III.

[3] F. Siarczyński, *Dziennik czynności urzędowych Księgozbioru Narodowego imienia Ossolińskich we Lwowie.* Do druku przygotował, wstępem i przypisami opatrzył Z. Rzepa, Wrocław 1968, p. 54.

[4] Ossol. MS. no. 1305/III.

[5] Ossol. MS. no. 1308/II and no. 1306/II.

and Pan-Slavist (1 coin), Maksymilian Kellerman, landowner (6 Polish coins), Count Marcin Zamoyski (coins). The biggest group of coins (1075 items) came from a gift made by Count Ignacy Krasicki[6].

In the years 1834–1839, the collections were enriched by numerous single coins as well as by eight hoards purchased from the Department of Galician States which in its official capacity took over the contents of all finds and excavations in the area of eastern Galicia[7]. Another steady source for the collections was the Lwów Land-Surveying Institution from which, on the basis of a special arrangement, the Institute was authorized to purchase[8]. In 1846 Ossolineum took part in the auction of a numismatic collection left by the famous Viennese collector, the Emperor's physician, Wallenheim. Among other things, 220 coins and 24 books dealing with numismatics were bought on that occasion. From the same source, through exchange for second and third specimens of the same coins from Ossolineum collections, 83 rare Greek coins, including 5 gold and 22 silver, were acquired[9]. In the same year Prince Henryk Lubomirski, having returned from a protracted foreign journey, donated 3013 Greek and Roman coins to the collection[10].

After the Lubomirski Museum had been started within the Ossoliński Institute in 1870, the numismatic collection was considerably enlarged. From yearly reports it is known that, for instance, in 1879 it contained 10,348 arranged and listed coins, including, among others, 2603 Roman and "413 other ancient coins"[11]. Ten years later the collection reached the number of 21,468 coins, among them 5680 ancient ones[12]. From the same reports it appears that the collection of ancient coins steadily increased, thanks to gifts. For example, in 1887 a schoolboy donated 3 silver Roman coins which he himself had found, and in the same year Prince Andrzej Lubomirski made a gift of 67 Greek and Roman coins. Three years later 6 Roman coins were acquired through donations, in 1891 — 1 coin of Emperor Hadrian, in 1892 — 20 silver Roman coins, in 1894 — a silver Greek coin and in 1897 — 1 denarius.

The Ossolineum numismatic collection was considerably increased in 1921 when, on the basis of an agreement made in 1914, the Pawlikowski family from Medyka handed over their own library and museum collections, including, among other things, 3688 coins with an unspecified number of ancient ones[13]. Before the outbreak of World War II the numismatic collections of the Institute comprised, exclusive of

---

[6] Siarczyński, *op. cit.*, pp. 25–26.

[7] K. Korzon, „Sprawy Ossolineum z lat 1834–1839 w działalności Aleksandra Fredry, Gwalberta Pawlikowskiego i innych", in *Z dziejów Zakładu Narodowego im. Ossolińskich. Studia i materiały*, Wrocław 1978, p. 24.

[8] M. Gębarowicz, „Zbiory muzealne w Ossolineum", in *Księga pamiątkowa w 150-lecie Zakładu Narodowego imienia Ossolińskich*, Wrocław 1967, p. 134.

[9] *Sprawozdanie ZNiO za r. 1847*, Lwów 1848; I. Lewandowska-Jaraczewska, *Zakład Narodowy im. Ossolińskich za dyrektury Adama Kłodzińskiego 1839–1849*, Wrocław 1980, p. 86.

[10] *Ibid.*, p. 92.

[11] *Sprawozdanie ZNiO za rok 1879*, Lwów 1879, p. 8.

[12] *Sprawozdanie ZNiO za rok 1889*, Lwów 1889, p. 10.

[13] M. Haisig, „Gabinet Numizmatyczno-Sfragistyczny we wrocławskim Ossolineum", *Ze skarbca kultury*, 1957, no. 1 (10), p. 186.

the Pawlikowski collection, 21,716 coins which, compared to the numbers of 1889, meant only an insignificant growth (just by 248 coins) during the previous 50 years. Unfortunately, it is not known how big a portion of this increase constituted ancient coins.

After their partial listing had been completed in 1828–1829, the numismatic collections remained for some time in the background of concern of the successive directors, engaged as they were in arranging the library and implementing the statutory provisions. The weight of these issues made it necessary to consider the work on the collections of coins as less urgent. It was resumed in 1841–1842 when Edward Melly, the preceptor of Ferdinand d'Este's children, himself a numismatist, historian of art and archaeologist, was engaged on the latter's recommendation with a specific task of listing and arranging the numismatic collections. Within two years he managed to register a vast number of ancient (Greek and Roman) and modern (Austrian and German) coins in a systematic arrangement within ten volumes. In the opinion of Adam Kłodziński, Ossolineum's director at that time: "the collection can already boast such an orderly arrangement as it would be difficult to find elsewhere an equal one"[14]. Four years later, in 1846, 3013 Greek and Roman coins, coming from the curator's donation, were listed under the supervision of custodian Jan Szlachtowski[15]. It is also known that between 1858 and 1868 catalogues were set in order and a numismatic cabinet created by Franciszek Ksawery Godebski, a custodian of museum collections, former participant of the November Rising, and re-emigrant from France. Work on the arrangement and listing of coins was undertaken on a larger scale in 1895 by the then Ossolineum director, Wojciech Kętrzyński, who concentrated his efforts mainly on ancient coins. His catalogue included descriptions of 2689 coins, 413 of which were Republican[16].

For the first time the collections of coins were presented to the public at an exhibition of historical-archaeological antiquities organized by the Institute in 1861. Some outstanding specimens, kept in three glass-cases, constituted a stable part of a permanent exhibition set up in 1873 in the Lubomirski Museum[17].

After World War II part of the Lwów Ossolineum was turned over by the Soviet authorities to Poland and located in Wrocław where the National Ossoliński Institute was recreated in 1946. The Ossolineum cimelia (among them packs with coins) that had been taken away from Lwów by the Germans in April 1944 were found again in 1945 by a National Library revindication group at Zagrodno (German Adelsdorf) in Lower Silesia. After being deposited for some time in the National Library, they were later returned to their legitimate owner, the National Ossoliński Institute Library now in Wrocław[18]. Forty packs of coins coming from that source

---

[14] *Sprawozdanie ZNiO za rok 1843*, Lwów 1844, p. 162; Lewandowska-Jaraczewska, *op. cit.*, p. 100.

[15] *Ibid.*, p. 99.

[16] Ossol. MS. no. 80/53.

[17] Gębarowicz, *op. cit.*, p. 130.

[18] The National Ossoliński Institute Library — The Library Archives (since 1946), no. 0110: Organization of the National Ossoliński Institute.

became the basis for the activities of the Numismatic-Sphragistic Cabinet established in 1955[19].

Among the postwar acquisitions, a hoard of Roman denarii purchased in 1960 deserves special attention. It was excavated in the northern part of Wrocław in the course of building operations carried on there between 1959 and 1969. It comprises 513 denarii from A.D. 63–195, from Galba to Septimius Severus, as well as 3 "barbarian" imitations of Antonius Pius's denarii. The hoard is the richest find of Roman coins in the area of Lower Silesia.

At present the collection of ancient coins, forming a part of the holdings of the Numismatic-Sphragistic Department of the National Ossoliński Institute Library, numbers 5600 units. They include 366 Greek, 5140 Roman and 94 Byzantine coins. The prevailing class are coins dating from the 2nd and 3rd centuries A.D. Quantitatively it constitutes the third largest — after the collections of Numismatic Cabinets of the National Museum in Warsaw and the National Museum in Cracow — collection of ancient coins in Poland. Only some fragments of it are more widely known, notably the Wrocław Roman denarii hoard[20] and the group of coins from the Alexandrian mint[21]. The entire collection, steadily enlarged through purchases and donations, is catalogued and accessible to researchers.

---

[19] Haisig, *op. cit.*, p. 186.

[20] S. Wojtowicz, ,,Skarb denarów rzymskich z Wrocławia na tle innych skarbów śląskich II–III w.", *Ze skarbca kultury*, 1967, no. 17, pp. 211–267.

[21] G. Sukiennik, ,,Monety cesarskiej mennicy w Aleksandrii w zbiorach Biblioteki Zakładu Narodowego im. Ossolińskich", *Ze skarbca kultury*, 1973, no. 24, pp. 221–232.

Preface

The publication of a catalogue of the republican coin collection of the National Ossoliński Institute Library in Wrocław is a response to the call of the International Numismatic Congress that was held between 28 August and 2 September 1967 in Copenhagen[1]. The participants of the Congress then made an appeal to institutions and private persons in possession of numismatic collections to set about cataloguing their holdings and publishing catalogues. The appeal was directed specifically to the owners of little known, not easily accessible, or comparatively small and thus easy to catalogue collections. Thanks to the printed catalogues these collections would find an easier way into the orbit of the scientific interest of researchers and thus become an object of a more complete scientific utilization. Guided by these considerations, the National Museum in Cracow, as the first one in Poland, has already published one volume of the catalogue of its ancient coins[2].

The present catalogue constitutes the first part of a publication which is going to list the entire collection of ancient coins possessed by Ossolineum. It describes 364 Roman Republican coins dating from 275–217 B.C. as well as 1 didrachm (item 6) representing the Romano-Campanian coinage. The denarius period, beginning between 214 and 211 B.C., is represented by several denarii with a characteristic representation of Rome's head on the obverse and Dioscuri galloping on horses on the reverse, as well as some lower units of the same monetary system: a sestertius (item 22) and 2 victoriati (items 21 and 23). Altogether there are 33 coins from the third century B.C. in the collection. The second century B.C. is represented by 137 denarii, including, among others, denarii serrati and suberati as well as 1 victoriat and 2 asses.

There are 198 coins from the 1st century B.C. in the collection. Characteristic here is a greater differentiation of gold denominations. Numerically denarii prevail, among them 19 denarii serrati and 23 quinarii. As far as bronze coins are concerned there are only 3 asses, 2 Clovius's coins without a specified denomination and one Oppius's coin, also without a denomination. Of particular interest among the named bronzes, is an as of Sextus Pompeius (item 328), probably coined in Sicily[3] and differing from the type included in Crawford's catalogue as well as in the present one (item 327) by lack of inscription on the reverse. One can surmise that it is a type of coin not yet described in numismatic literature. As for the times of the last decades of the Republic and the period of internal struggles, special attention should be paid to the legionary denarii of Mark Antonius dating from 31 B.C. and described in the final part of the catalogue.

The coins of the Roman Republic have been presented before in form of printed

---

[1] *Wiadomości numizmatyczne*, 1967 no. 1 (39), pp. 257–258.

[2] L. Morawiecki, *Ancient Coins*. Vol. 1: *The Coins of the Roman Republic*, Cracow 1982.

[3] M. H. Crawford, *Roman Republican Coinage*, Cambridge 1974, vol. 1, p. 487.

corpuses and collection catalogues. One of the earliest ones is E. Babelon's *Monnaies de la Republique Romaine* (Paris 1885). Some of the later ones were made in England and include H.A. Grueber's *Coins of the Roman Republic in the British Museum*, 3 vols. (London 1910), E.A. Sydenham's *The Coinage of the Roman Republic* (London 1952), M.H. Crawford's *Roman Republican Coinage*, 2 vols. (Cambridge 1974). Crawford's catalogue differs from the previously published ones by its adoption of a new chronological division for the earliest bronze coins and the stages of their reduction as well as by its introduction of a new emission date for the first Roman denarii. Moreover, it includes a set of specific findings resulting from the present state of research. His catalogue has served as a basis for the presentation of coins in the present volume. It was also considered advisable to adduce items of Sydenham's catalogue.

All the elements of a coin making its identification possible have been taken into account in the descriptions, i.e. metal, weight (in grams), diameter (in millimetres). Some further identification determinants are legends on the obverse and on the reverse, representations, symbols, and denomination. Every description has its own serial number, number of the inventory entry as well as references to Crawford's and Sydenham's catalogues. The descriptions are arranged chronologically. Outside the adopted arrangement, at the end of the catalogue, a description of the bronze Opius's coin whose dating is controversial has been given. On the final pages the reader will also find concordances of the item numbers in Crawford's and Sydenham's catalogues with the serial numbers of the present one. Moreover, the catalogue has been supplied with indexes of legends, types, moneyers and mints as well as with a list of abbreviations of cited literature and technical terms.

The author wishes to express her warmest gratitude to the reviewer of the present work, Doctor Lesław Morawiecki, for his penetrating and critical appraisal of the successive stages of this catalogue. The author also considers it her duty to acknowledge her debt to Doctor Janusz Albin who created favourable conditions for her work on the ancient coin collection as well as to Assistant Professor Józef Szczepaniec who made some valuable remarks and suggestions concerning the Foreword.

Translated by Lech Czyżewski

Przedmowa

Zbiory numizmatyczne Biblioteki Zakładu Narodowego im. Ossolińskich zapoczątkował jej twórca i założyciel — Józef Maksymilian hr. Ossoliński (1748–1826), potomek jednego z najznakomitszych rodów polskich, właściciel majątków rodowych w południowo-wschodniej części Polski, która po pierwszym rozbiorze znalazła się w granicach państwa austriackiego. Ossoliński, patriota i uczony swe zainteresowania naukowe skupiał na zagadnieniach pochodzenia Słowian, dziejach piśmiennictwa i kultury polskiego Odrodzenia. Uwieńczeniem jego prac naukowych były *Wiadomości historyczno-krytyczne do dziejów literatury polskiej*, zbiór monografii literackich, bibliograficznych polskich uczonych i pisarzy.

Osiadłszy w 1793 r. na stałe w Wiedniu, gdzie znalazł bliskie zainteresowaniami środowisko intelektualne po utracie przez Polskę niepodległości w 1795 r., rozpoczął na szerszą skalę gromadzenie własnych zbiorów bibliotecznych. Głównym celem tej działalności było ratowanie od zagłady rękopiśmiennych i drukowanych zabytków piśmiennictwa polskiego oraz stworzenie warsztatu pracy dla badaczy polskiej przeszłości narodowej. Gromadził nie tylko książki i rękopisy, lecz także — zgodnie z tendencjami i upodobaniami epoki — eksponaty typu muzealnego. Dzięki temu w jego bogatych i cennych zbiorach znalazły się również kolekcje: kartograficzna, graficzna i numizmatyczna, w których — podobnie jak w księgozbiorze — przeważały zabytki polskie lub z Polską związane[1]*.

W 1809 r. cesarz austriacki Franciszek I mianował Ossolińskiego prefektem Biblioteki Nadwornej (Hoffbibliothek, obecnie: Oesterreichische Nationalbibliothek), którą to funkcję pełnił aż do śmierci w 1826 r. W czasie krótkiego okresu liberalizacji antypolskiej polityki austriackiej Ossoliński umiejętnie wykorzystał swe wysokie stanowisko w hierarchi dworskiej i autorytet naukowy do uzyskania w 1817 r. zgody cesarza na utworzenie ze swych zbiorów publicznej biblioteki polskiej, a z majątków fundacji na utrzymanie biblioteki i jej dalszy rozwój.

W 1823 r. Ossoliński zawarł porozumienie w sprawie fundacji z księciem Henrykiem Lubomirskim z Przeworska (1777–1850), znanym magnatem galicyjskim, działaczem politycznym, właścicielem bogatych zbiorów muzealnych i bibliotecznych. Zgodnie z zawartą umową zbiory rodowe Lubomirskich — biblioteczne i muzealne — miały być połączone z fundacją Ossolińskiego, tworząc w niej odrębną część pod nazwą Muzeum Lubomirskich. Jednocześnie w umowie postanowiono, iż przedstawiciele rodziny Lubomirskich będą sprawować, jako tak zwani kuratorzy literaccy, organizacyjną i merytoryczną opiekę nad całą fundacją oraz czuwać nad realizacją postanowień statutu obu części Zakładu: bibliotecznej i muzealnej. Fundacja weszła w życie w 1827 r., po przewiezieniu zbiorów — zgodnie z wolą fundatora — z Wiednia do Lwowa, ówczesnej stolicy Królestwa Galicji i Lodomerii. Translokacją zbiorów zajmował się z ramienia Stanów Galicyjskich Gwalbert Pawlikowski z Me-

* Odsyłacze odnoszą się do przypisów w tekście angielskim.

dyki (1793–1852), przyjaciel Ossolińskiego, znany kolekcjoner druków, rękopisów, grafiki i numizmatów.

Już za życia Ossolińskiego powstał pierwszy spis jego zbiorów numizmatycznych wykonany przez Stanisława Poradowskiego. Drugi, również prowizoryczny, spis wykonał po śmierci Ossolińskiego Gwalbert Pawlikowski, konfrontując go ze spisem Poradowskiego. Według tego nowego spisu, datowanego w Wiedniu 17 maja 1828 r. i noszącego tytuł: ,,Spis medalów i pieniądzów, które [się] w szkatule po śp. JW Józefie Maksymilianie hr. na Tęczynie Ossolińskim pozostałej — przez tegoż Ustanowieniu Naukowemu im. Ossolińskich we Lwowie zapisane — znajdowały", zbiór składał się z 1129 monet, medali, żetonów i medalików, w którym poważną część stanowiły monety polskie (około 460 sztuk). Wśród monet obcych do szczególnie cennych należało 57 antycznych, wyłącznie rzymskich (44 srebrne i 13 brązowych), z czego 56 z czasów cesarstwa, a 1 z czasów republiki[2]. Po śmierci Ossolińskiego zbiory numizmatyczne zostały złożone przez Gwalberta Pawlikowskiego do depozytu w c.k. Sądzie Szlacheckim Niższej Austrii w Wiedniu. Powstający we Lwowie Zakład Narodowy im. Ossolińskich otrzymał je 27 czerwca 1928 r.[3]. Książę Henryk Lubomirski dołączył do nich zgodnie z umową z 1823 r. własną kolekcję numizmatyczną[4]. Pierwszy dyrektor Biblioteki, ks. Franciszek Siarczyński, połączył obie kolekcje, tworząc w ten sposób zaczątek przyszłego Muzeum Lubomirskich.

Dyrektor Siarczyński powierzył opracowanie i uporządkowanie połączonej kolekcji dwom znanym numizmatykom lwowskim: hr. Ignacemu Łosiowi i hr. Ignacemu Krasickiemu. Pierwszy z nich wykonał spis monet polskich, drugi zaś — monet obcych. Oba te spisy powstały przed końcem 1828 r. i znajdują się do dziś w zbiorach Ossolineum[5]. Inwentarz sporządzony przez Krasickiego został następnie z polecenia i pod kierunkiem Siarczyńskiego przepisany na czysto w dwóch egzemplarzach. Monety rzymskie Ossolińskiego opisane są w nim na s. 1–2 (brązowe) i na s. 3–9 (srebrne), Lubomirskiego zaś na s. 75–421. Zbiór antyczny liczył wówczas około 2700 egzemplarzy. Wkrótce po uruchomieniu Biblioteki we Lwowie zbiory numizmatyczne uzupełniano nabytkami z zakupu, wymiany i darowizn. W okresie od marca 1828 do końca października 1829 r. do zbiorów numizmatycznych dary złożyli: Stanisław Jaszowski, historyk i dramaturg — 37 monet, Adam Junosza Rościszewski, historyk, słowianofil — 1 monetę, Maksymilian Kellerman, ziemianin — 6 monet polskich, hr. Marcin Zamoyski — monety. Największy zespół monet, liczący 1075 sztuk, ofiarował hr. Ignacy Krasicki[6].

W latach 1834–1839 zbiory uzupełniono licznymi pojedynczymi monetami oraz ośmioma skarbami, nabytymi od Wydziału Stanów Galicyjskich, który z urzędu przejmował zawartość znalezisk i wykopalisk z terenu Galicji Wschodniej[7]. Stałym źródłem pomnażania zbiorów był również Lwowski Urząd Menniczy, w którym — na podstawie specjalnego zarządzenia — Zakład miał prawo dokonywania zakupów[8]. W 1846 r. Ossolineum wzięło udział w licytacji zbioru numizmatycznego po słynnym wiedeńskim kolekcjonerze Wallenheimie, konsyliarzu cesarskim. Zakupiono wówczas między innymi 220 monet oraz 24 książki o tematyce numizmatycznej. Z tego samego źródła przez wymianę za trzecie i dalsze egzemplarze ze zbiorów. ossolińskich otrzymano 83 rzadkie monety greckie, w tym 5 złotych i 22 srebrne[9].

W tymże roku ks. Henryk Lubomirski, powróciwszy z dłuższej podróży zagranicznej, przekazał do zbiorów 3013 sztuk monet greckich i rzymskich[10].

Po otwarciu przy Zakładzie Narodowym im. Ossolińskich Muzeum Lubomirskich w 1870 r. zbiór numizmatyczny powiększył się znacznie. Z corocznie publikowanych sprawozdań wiadomo, że na przykład w 1879 r. liczył on 10 348 uporządkowanych monet, w czym było 2603 monet rzymskich oraz 413 innych monet starożytnych[11]. W dziesięć lat później zbiór ten osiągnął liczbę 21 468 monet, wśród nich 5680 egzemplarzy monet antycznych[12]. Ze sprawozdań tych wiadomo, że zbiór monet antycznych stale powiększał się dzięki darom. Na przykład w 1887 r. pewien uczeń ofiarował znalezione przez siebie 3 srebrne monety rzymskie, a ks. Andrzej Lubomirski darował 67 monet greckich i rzymskich. W trzy lata później z darów ogółem wpłynęło 6 monet rzymskich, w 1891 — 1 moneta cesarza Hadriana, w 1892 r. — 20 srebrnych monet rzymskich, w 1894 r. — srebrna moneta grecka, w 1897 r. — 1 denar.

Znaczny przyrost kolekcji numizmatycznej nastąpił w 1921 r., kiedy to na podstawie umowy z 1914 r. Pawlikowscy z Medyki przekazali do Ossolineum własne zbiory biblioteczne i muzealne, w których znajdowało się 3688 monet z nieokreśloną liczbą antycznych[13]. Przed wybuchem drugiej wojny światowej całe zbiory numizmatyczne Zakładu (bez zbioru Pawlikowskich) liczyły 21 716 egzemplarzy monet. W zestawieniu ze stanem liczbowym z 1889 r. (21 468) zbiory numizmatyczne w okresie pięćdziesięciu lat wzrosły nieznacznie, zaledwie o 248 monet. Niestety nie wiadomo, jaki procent tego przyrostu przypadał na monety antyczne.

Po przeprowadzeniu w latach 1828–1829 częściowej rejestracji zbiorów numizmatycznych pozostawały one nieco na uboczu zainteresowań kolejnych dyrektorów Zakładu, zajętych przede wszystkim porządkowaniem księgozbioru i wprowadzaniem w życie postanowień statutu. Waga tych zagadnień spowodowała, że prace nad zbiorem monet — jako mniej pilne — zostały zahamowane. Podjęto je w latach 1841–1842, kiedy zatrudniony został w Ossolineum z polecenia Ferdynanda d'Este, wychowawca jego dzieci Edward Melly, numizmatyk, historyk sztuki i archeolog, z określonym zadaniem spisania i uporządkowania zbiorów numizmatycznych. W ciągu dwóch lat zdołał on w dziesięciotomowym katalogu zarejestrować w systematycznym układzie monety starożytne: greckie i rzymskie, oraz nowożytne: austriackie i niemieckie.

Według opinii ówczesnego dyrektora Ossolineum Adama Kłodzińskiego: „zbiór ten pochlubić się może już porządkiem takim, iż mu zdaniem znawców nie w lada którym zbiorze znaleźć by można podobny"[14]. W cztery lata później, w 1846 r., 3013 monet greckich i rzymskich pochodzących z daru kuratora zinwentaryzowano pod kierunkiem kustosza Jana Szlachtowskiego[15]. W latach 1858–1868 uporządkował katalogi i urządził Gabinet numizmatyczny Franciszek Ksawery Godebski, kustosz zbiorów muzealnych, były uczestnik powstania listopadowego i reemigrant z Francji. Szerzej zakrojoną pracę nad uporządkowaniem i rejestracją monet podjął w 1895 r. ówczesny dyrektor Zakładu, Wojciech Kętrzyński. Zajął się głównie monetami antycznymi. Sporządzony przez niego katalog obejmuje opis 2689 monet rzymskich, w tym 413 monet republikańskich.

Fragmenty kolekcji monet i medali po raz pierwszy przedstawione zostały publicznie w 1861 r. na zorganizowanej przez Zakład wystawie starożytności historyczno-archeologicznych. Po utworzeniu stałej ekspozycji w Muzeum Lubomirskich w 1873 r. ciekawsze numizmaty były umieszczone w trzech gablotach.

Po zakończeniu drugiej wojny światowej część zbiorów lwowskiego Ossolineum została przekazana przez władze radzieckie Polsce i zlokalizowana we Wrocławiu, gdzie w 1946 r. powołano do życia Zakład Narodowy im. Ossolińskich. Wywiezione przez Niemców ze Lwowa w kwietniu 1944 r. cymelia ossolińskie wraz z monetami zostały w 1945 r. odnalezione w Zagrodnie (niem. Adelsdorf) na Dolnym Śląsku przez grupę rewindykacyjną Biblioteki Narodowej. Złożone w depozycie Biblioteki Narodowej w Warszawie, trafiły następnie do Biblioteki Zakładu Narodowego im. Ossolińskich we Wrocławiu jako swego prawowitego właściciela[18]. Pochodzące z tego źródła czterdzieści paczek numizmatów włączonych zostało do utworzonego w 1955 r. w Bibliotece Gabinetu Numizmatyczno-Sfragistycznego[19].

Z powojennych nabytków na wyróżnienie zasługuje zakupiony w 1960 r. skarb denarów rzymskich. Wykopany on został w północnej części Wrocławia w trakcie prowadzonych tam w latach 1959–1960 prac budowlanych. Liczy 513 sztuk denarów z lat 63–195 n.e., od Galby do Septymiusza Sewera, oraz 3 „barbarzyńskie" naśladownictwa denarów Antonina Piusa. Skarb ten jest najbogatszym znaleziskiem rzymskich monet z terenu Dolnego Śląska.

Obecnie kolekcja monet antycznych, będąca częścią zbiorów Działu Numizmatyczno-Sfragistycznego Biblioteki Zakładu Narodowego im. Ossolińskich, liczy 5600 jednostek. W skład jej wchodzą monety greckie (366 egz.), rzymskie (5140 egz.) i bizantyńskie (94 egz.). Przeważają monety z II i początków IV w. naszej ery. Pod względem ilościowym stanowi ona — po zbiorach Gabinetów Numizmatycznych Muzeum Narodowego w Warszawie i Muzeum Narodowego w Krakowie — trzecią kolekcję monet antycznych w Polsce. Szerzej znane są jedynie jej fragmenty, mianowicie wrocławski skarb denarów rzymskich[20] i zespół monet mennicy aleksandryjskiej[21]. Całość kolekcji, uzupełniana zakupami i darami, jest zinwentaryzowana i udostępniana badaczom.

Wstęp

Publikacja katalogu zbioru monet republikańskich znajdujących się w Bibliotece Zakładu Narodowego im. Ossolińskich we Wrocławiu, stanowi odpowiedź na apel Międzynarodowego Kongresu Numizmatycznego, który obradował w Kopenhadze od 28 sierpnia do 2 września 1967 r.[1] *. Uczestnicy Kongresu odwołali się wówczas do instytucji i osób prywatnych gromadzących zbiory numizmatyczne, aby przystąpiły do opracowania i publikowania katalogów posiadanych zbiorów. Apel ten skierowany został przede wszystkim do właścicieli kolekcji mniej znanych, trudniej dostępnych oraz stosunkowo niedużych, a przez to łatwiejszych do opracowania. Zbiory te bowiem dzięki drukowanym katalogom mogłyby łatwiej znaleźć się w orbicie zainteresowań badaczy i tym samym stać się przedmiotem pełniejszego wykorzystania naukowego. Kierując się powyższymi przesłankami, Muzeum Narodowe w Krakowie jako pierwsze w Polsce wydało tom katalogu swoich monet antycznych[2].

Katalog niniejszy stanowi pierwszą część wydawnictwa mającego zarejestrować całą kolekcję monet antycznych w zbiorach Ossolineum. Opisuje on 364 egzemplarze monet republiki rzymskiej z lat 275–31 przed naszą erą. Wśród monet objętych katalogiem znajdują się egzemplarze z wczesnego okresu brązowego mennictwa rzymskiego z lat 275–217 p.n.e. oraz jeden egzemplarz didrachmy (poz. 6) reprezentującej srebrne mennictwo rzymsko-kampańskie. Okres denarowy, rozpoczynający się w latach 214–211 p.n.e.; reprezentują denary z charakterystycznym wyobrażeniem głowy Romy na awersie i galopującymi konno Dioskurami na rewersie oraz niższe jednostki tego systemu monetarnego: sesteic (poz. 22) i wiktoriaty (poz. 21 i 23). Ogółem z III w. p.n.e. znajdują się w zbiorze 33 monety. Wiek II p.n.e. reprezentują 133 denary, w tym także denary serraty i suberaty oraz 1 wiktoriat i 2 asy.

Z I w. p.n.e. znajduje się w zbiorze 198 monet. Charakterystyczne jest tu większe zróżnicowanie srebrnych nominałów. Ilościowo przeważają denary, a wśród nich również znajdują się denary serrati (19 egzemplarzy) i kwinariusze (23 egzemplarze), natomiast z monet brązowych tylko 3 asy, 2 monety Cloviusa bez określonego nominału i jedna Oppiusa, również bez nominału.

Wśród wymienionych brązowych duże zainteresowanie budzi as Sextusa Pompeiusa, prawdopodobnie wybity na Sycylii (poz. 328)[3], różniący się od typu ujętego w katalogu Crawforda i monety w niniejszym katalogu (poz. 327) brakiem inskrypcji na rewersie. Jak można przypuszczać, jest to typ monety dotąd w literaturze nie opisany. Z ostatnich dziesięcioleci Republiki, z okresu walk wewnętrznych, na uwagę zasługują denary legionowe Marka Antoniusza z 31 r., opisane w końcowej części katalogu.

Monety republiki rzymskiej zostały dotąd opracowane w formie drukowanych

---

* Odsyłacze odnoszą się do przypisów w tekście angielskim.

korpusów i katalogów kolekcji. Do najwcześniejszych należy: *Monnaies de la Republique Romaine* E. Babelona (Paris 1885). Następne powstały między innymi w Anglii i zaliczają się do nich: H. A. Grueber: *Coins of the Roman Republic in the British Museum*, t. I–III (London 1910), E. A. Sydenham: *The Coinage of the Roman Republic* (London 1952), M. H. Crawford: *Roman Republic Coinage*, t. I–II (Cambridge 1974). Katalog Crawforda różni się od wcześniej wydanych przyjęciem nowego podziału chronologicznego najwcześniejszych monet brązowych i etapów ich redukcji oraz wprowadzeniem nowej daty emisji pierwszych denarów rzymskich. Ponadto podaje ustalenia szczegółowe wynikające z aktualnego stanu badań. Katalog ten stał się podstawą do opracowania monet ujętych w niniejszym tomie. Jednocześnie uznano za celowe odwołanie się do pozycji katalogu Sydenhama.

W opisach katalogowych uwzględnione zostały wszystkie elementy monety umożliwiające jej identyfikację, to znaczy: metal, waga (w gramach) i średnica (w milimetrach). Dalszymi wyznacznikami identyfikacyjnymi są: legenda awersu i rewersu, wyobrażenia, symbole oraz nominał. Każdy opis oznaczony jest kolejnym numerem porządkowym, numerem pozycji inwentarza oraz odsyłaczami do katalogu Crawforda i Sydenhama. Opisy monet uszeregowano w niniejszym katalogu według zasady chronologicznej. Poza przyjętym układem, na końcu katalogu, umieszczono opis brązowej monety Oppiusa, której datacja jest sporna. Katalog zamykają konkordancje numerów pozycji w katalogu Crawforda i Sydenhama z numerami porządkowymi niniejszego katalogu. Ponadto katalog zaopatrzony został w indeksy: legend, typów, mincerzy i mennic oraz wykaz skrótów cytowanej literatury i określeń technicznych.

Autorka pragnie serdecznie podziękować recenzentowi niniejszej publikacji, Panu Doktorowi Lesławowi Morawieckiemu za wnikliwą i krytyczną ocenę kolejnych etapów powstawania katalogu. Uważa także za swój obowiązek wyrazić wdzięczność Panu Doktorowi Januszowi Albinowi za stworzenie warunków umożliwiających pracę nad zbiorem monet antycznych i Panu Docentowi Józefowi Szczepańcowi za cenne uwagi i sugestie dotyczące wstępu.

Abbreviations

Craw. — Michael H. Crawford, *Roman Republican Coinage*, Oxford 1975
Syd. — Edward A. Sydenham, *The Coinage of Roman Republic*, Oxford 1952
AE — bronze
AR — silver
D — denarius
Didr. — didrachm
D serr. — denarius serratus
D sub. — denarius suberatus
Q — quinarius
S — semis
Sest. — sestertius
Su — semuncia
Sx — sextans
T — triens
U — uncia
V — victoriatus

There is an illustration of each coin.
The coins and their photographs have the same numbers.
Illegible letters are indicated in square brackets.

Catalogue

No.	Symbol or moneyer Mint Date	Metal Weight Size Axis	Deno- mina- tion	Obverse
1	Anonymous South Italy 275–270 B.C.	AE 9.240 23.4 ↙	Double- litra	Female head r.; hair bound with ribbon. Border of dots.
2	Anonymous Rome 241–235 B.C.	AE 3.995 15.4 ↗	Litra	Head of Mars r., bearded, wearing Corinthian helmet. Border of dots.
3	Anonymous Rome 234–231 B.C.	AE 1.405 12,2 ↘	Half- litra	Head of Roma r., wearing Phrygian helmet.
4	Anonymous Rome 234–231 B.C.	AE 1.395 12.2 ↗	Half- litra	Similar.
5	Anonymous Rome 230–226 B.C.	AE 6.050 19.6 ↓	Double- litra	Head of Hercules r.; below, club.
6	Anonymous Rome 225–212 B.C.	AR 4.950 19.5 →	Didr.	Laureate, Janiform head of Dioscuri. Border of dots.
7	Anonymous Rome 225–217 B.C.	AE 55.950 33.6 ↙	Sx	Head of Mercury l.; below, ○○.
8	Anonymous Rome 225–217 B.C.	AE 27.130 27.3 ↗	U	Helmeted head of Roma l. (Attic helmet); behind, ○.
9	Anonymous (semilibral) Rome 217–215 B.C.	AE 26.450 30.2 ↙	Sx	Head of Mercury r.; above, ○○.
10	Anonymous (semilibral) Rome 217–215 B.C.	AE 24.120 29.7 ↗	Sx	Similar.

Reverse	References	Inventory
Lion walking r., holding spear in mouth; in exergue, ROMA[NO].	Craw. 16/1 Syd. 5	4128
Horse's head r.; behind, sickle; below, ROMA. Line border.	Craw. 25/3 Syd. 25	4132
Dog walking r.; in exergue, ROMA.	Craw. 26/4 Syd. 22	4135
Similar.	Craw. 26/4 Syd. 22	4136
Pegasus r.; above, club; below, ROMA.	Craw. 27/3 Syd. 7	4131
Jupiter in quadriga r., driven by Victory — Jupiter hurling thunderbolt and holding sceptre; in relief in linear frame, ROMA. Line border.	Craw. 28/3 Syd. 65	468
Prow r.; below, o o .	Craw. 35/5 Syd. 76	4270
Prow r.; behind, o .	Craw. 35/6 Syd. 77	4271
Prow r.; above, ROMA; below, o o .	Craw. 38/5 Syd. 85	442
Similar.	Craw. 38/5 Syd. 85	448

No.	Symbol or moneyer Mint Date	Metal Weight Size Axis	Deno- mina- tion	Obverse
11	Anonymous (semilibral) Rome 217–215 B.C.	AE 11.100 26.0 ↘	U	Helmeted head of Roma L. (Attic helmet); behind, o.
12	Anonymous (semilibral) Rome 217–215 B.C.	AE 12.230 25.7 ↓	U	Similar.
13	Anonymous (semilibral) Rome 217–215 B.C.	AE 7.325 20.5 ↙	Su	Head of Mercury r.
14	Anonymous (semilibral) Rome 217–216 B.C.	AE 5.730 20.4 ↘	Su	Female bust r., draped and wearing turreted crown.
15	Anonymous (semilibral) Rome 217–216 B.C.	AE 6.015 19.4 ↖	Su	Similar.
16	Anonymous (postsemilibral) Rome 215–212 B.C.	AE 7.850 22.0 ↓	U	Helmeted head of Roma r. (Attic helmet); behind, o.
17	Anonymous (postsemilibral) Rome 215–212 B.C.	AE 6.280 20.2 ↖	U	Similar.
18	Anonymous (postsemilibral) Rome 215–212 B.C.	AE 5.820 18.7 ↖	Su	Head of Mercury r.
19	Anonymous (postsemilibral) Rome 215–212 B.C.	AE 5.470 20.0 ↙	Su	Similar.
20	Anonymous (postsemilibral) Rome 215–212 B.C.	AE 5.855 19.0 ↑	Su	Similar.
21	Anonymous Rome 1 from 211 B.C.	AR 2.955 16.0 ↙	V	Laureate head of Jupiter r. Border of dots.

Reverse	References	Inventory
Prow r.; above, ROMA; below, o.	Craw. 38/6 Syd. 86	438
Similar.	Craw. 38/6 Syd. 86	440
Prow r.; above, ROMA.	Craw. 38/7 Syd. 87	453
Horseman galloping r., holding whip; below, ROMA.	Craw. 39/5 Syd. 97	4126
Similar.	Craw. 39/5 Syd. 97	4127
Prow r.; above, ROMA; below, o.	Craw. 41/10 Syd. 108	439
Similar.	Craw. 41/10 Syd. 108	447
Prow r.; above, ROMA.	Craw. 41/11 Syd. 109	452
Similar.	Craw. 41/11 Syd. 109	454
Similar.	Craw. 41/11 Syd. 109	455
Victory r., crowning trophy; in exergue, ROMA. Line border.	Craw. 44/1 Syd. 83	469

No.	Symbol or moneyer Mint Date	Metal Weight Size Axis	Deno- mina- tion	Obverse
22	Anonymous uncertain after 211 B.C.	AR 0.910 12.6 ↖	Sest.	Helmeted head of Roma r.; behind, IIS. Border of dots.
23	Anonymous Rome 2 after 211 B.C.	AR 2.910 17.0 ↖	V	Laureate head of Jupiter r. Border of dots.
24	Anonymous Rome after 211 B.C.	AE 19.650 28.0 ↘	S	Laureate head of Saturn r.; behind, S.
25	Anonymous Rome after 211 B.C.	AE 13.550 25.6 ↘	T	Helmeted head of Minerva r. (Corinthian helmet); above, oooo.
26	Anonymous Rome after 211 B.C.	AE 11.270 23.6 ↗	T	Similar.
27	Anonymous Rome after 211 B.C.	AE 7.870 22.0 ↙	Sx	Head of Mercury r.; above, oo.
28	L. Cornelius Lentulus Sardinia 211 B.C.	AE 5.090 20.4 ↖	T	Helmeted head of Minerva r.; above, oooo.
29	Q S.E. Italy 211–210 B.C.	AE 9.205 22.4 ↙	T	Helmeted head of Minerva r.; above, oooo.
30	Club S.E. Italy 208 B.C.	AE 3.770 17.9 ↙	D	Helmeted head of Roma r.; behind, X. Border of dots.
31	Crescent Rome 194–190 B.C.	AR 3.350 18.0 ↙	D	Helmeted head of Roma r.; behind, X. Border of dots.
32	Anonymous Rome 189–180 B.C.	AR 3.580 19.0 ↗	D	Helmeted head of Roma r.; behind, X. Border of dots.

Reverse	References	Inventory
Dioscuri on horseback r.; in linear frame, ROMA. Line border.	Craw. 47/2 Syd. 142	780
Victory r., crowning trophy; in exergue, ROMA. Line border.	Craw. 53/1 Syd. 83	471
Prow r.; above, S; below, ROMA.	Craw. 56/3 Syd. 143/a	441
Prow r.; above, ROMA; below, oooo.	Craw. 56/4 Syd. 143/b	444
Similar.	Craw. 56/4 Syd. 143/b	446
Prow r.; above, ROMA; below, oo.	Craw. 56/6 Syd. 143/d	443
Prow r.; above, ROMA; before, C; below, oooo.	Craw. 63/4 Syd. 157/b	449
Prow r.; above, [RO]MA; before, Q; below, oooo.	Craw. 86/2 Syd. 182/a	450
Dioscuri on horseback r.; below, club; in exergue, ROMA. Line border.	Craw. 89/2 Syd. 211	580
Dioscuri on horseback r.; above, crescent; below in linear frame, ROMA. Line border.	Craw. 137/1 Syd. 314	475
Dioscuri on horseback r.; below in linear frame, ROMA. Line border.	Craw. 139 Syd. 338	472

No.	Symbol or moneyer Mint Date	Metal Weight Size Axis	Deno- mina- tion	Obverse
33	Anonymous Rome 179–170 B.C.	AR 2.965 19.0 ↗	D	Helmeted head of Roma r.; behind, X. Border of dots.
34	Anonymous Rome 179–170 B.C.	AR 2.580 16.5 ↘	V	Laureate head of Jupiter r. Border of dots.
35	Anonymous Rome 179–170 B.C.	AR 3.450 18.7 ↙	D	Helmeted head of Roma r.; behind, X. Border of dots.
36	Acilius or Naevius Balbus Rome 169–158 B.C.	AE 28.580 33.3 ↗	As	Laureate head of Janus; above, I.
37	Wolf and Twins Rome 169–158 B.C.	AE 23.830 31.0 ↖	As	Laureate head of Janus; above, I.
38	Furius Purpurio Rome 169–158 B.C.	AR 3.685 18.4 ↗	D	Helmeted head of Roma r.; behind, X. Border of dots.
39	(Papirius) Turdus Rome 169–158 B.C.	AE 20.880 31.0 ↗	As	Laureate head of Janus; above, I.
40	Sex. Atilius Saranus Rome 155 B.C.	AR 3.595 18.2 ↖	D	Helmeted head of Roma r.; behind, X. Border of dots.
41	Sex. Atilius Saranus Rome 155 B.C.	AR 3.495 17.6 ↗	D	Similar.
42	C. Scribonius Rome 154 B.C.	AR 4.050 18.4 ↙	D	Helmeted head of Roma r.; behind, X. Border of dots.

[38] Obverse stamp shifted; punch marks in shape crescent and circle.

Reverse	References	Inventory
Dioscuri on horseback r.; below in linear frame, ROMA. Line border.	Craw. 164/1a Syd. 311	474
Victory r. crowning trophy; in exergue, ROMA. Line border.	Craw. 166 Syd. 313	470
Dioscuri on horseback r.; in exergue, ROMA. Line border.	Craw. 167 Syd. 311	473
Prow r.; above, BA/; before, |; below, ROMA.	Craw. 179/1 Syd. 354	457
Prow r.; above, she-wolf sucling twins; before, |; below, ROMA.	Craw. 183/1 Syd. 297	462
Luna in biga r., holding reins; above, murex-shell; below, PVR; in linear frame, [ROMA]. Line border.	Craw. 187/1 Syd. 424	582
Prow r.; above, TVRD; before, |; below, ROMA.	Craw. 193/1 Syd. 366	461
Victory in biga r., holding whip in r. hand and reins in l. hand; below, SAR; in exergue, ROMA. Line border.	Craw. 199/1a Syd. 377	514
Similar.	Craw. 199/1a Syd. 377	515
Dioscuri on horseback r.; below, C.SCR; in exergue, [ROMA]. Line border.	Craw. 201/1 Syd. 380	695

No.	Symbol or moneyer Mint Date	Metal Weight Size Axis	Deno- mina- tion	Obverse
43	C. Scribonius Rome 154 B.C.	AR 3.770 19.0 ↖	D	Similar.
44	C. Thalna Rome 154 B.C.	AR 2.995 17.6 ↑	D	Helmeted head of Roma r.; behind, X. Border of dots.
45	C. Maianius Rome 153 B.C.	AR 3.770 18.0 ↓	D	Helmeted head of Roma r.; behind, X. Border of dots.
46	L. Saufeius Rome 152 B.C.	AR 3.710 17.3 ↙	D	Helmeted head of Roma r.; behind, X. Border of dots.
47	L. Saufeius Rome 152 B.C.	AR 3.230 17.0 ↗	D	Similar.
48	Pinarius Natta Rome 149 B.C.	AR 3.085 17.7 ↖	D	Helmeted head of Roma r.; behind, X. Border of dots.
49	C. Iunius C.F. Rome 149 B.C.	AR 3.800 18.0 ↖	D	Helmeted head of Roma r.; behind, X. Border of dots.
50	Q. Marcius Libo Rome 148 B.C.	AR 3.900 20.0 ↗	D	Helmeted head of Roma r.; behind, LIBO; before, X. Border of dots.
51	C. Terentius Lucanus Rome 147 B.C.	AR 3.485 19.0 ↗	D	Helmeted head of Roma r.; behind, Victory with wreath and X. Border of dots.
52	C. Antestius Rome 146 B.C.	AR 3.430 18.4 ↙	D	Helmeted head of Roma r.; behind, C·ÆSTI; before, X. Border of dots.
53	M. Iunius D.f.D.n. Silanus Rome 145 B.C.	AR 3.525 17.7 ↙	D	Helmeted head of Roma r.; behind, ass's head; before, X. Border of dots.

Reverse	References	Inventory
Similar, but in exergue, ROM[A].	Craw. 201/1 Syd. 380	3997
Victory in biga r., holding whip in r. hand and reins in l. hand; below, C·ĀV; in exergue, R[OMA]. Line border.	Craw. 202/1a Syd. 379	601
Victory in biga r., holding whip in r. hand and reins in l. hand; below, C·MAIAVI; in exergue, [R]OMA. Line border.	Craw. 203/1a Syd. 427	616
Victory in biga r., holding whip in r. hand and reins in l. hand; below, V·SAVF; in exergue, ROMA. Line border.	Craw. 204/1 Syd. 384	685
Similar.	Craw. 204/1 Syd. 384	686
Victory in biga r., holding whip in r. hand and reins in l. hand; below, NATĀ in exergue, ROM[A]. Line border.	Craw. 208/1 Syd. 390	653
Dioscuri on horseback r.; below, C·IVNI·C·F; in exergue, ROMA. Line border.	Craw. 201/1 Syd. 392	596
Dioscuri on horseback r.; below, Q·MARC; in linear frame, ROMA. Border of dots.	Craw. 215/1 Syd. 395	621
Dioscuri on horseback r.; below, C·TERLVC; in exergue, ROMA. Line border.	Craw. 217/1 Syd. 425	701
Dioscuri on horseback r.; below, puppy r.; in exergue, ROMA.	Craw. 219/1e Syd. 411	481
Dioscuri on horseback r.; below, M·IVNI; in exergue, [R]OMA. Line border.	Craw. 220/1 Syd. 408	597

No.	Symbol or moneyer Mint Date	Metal Weight Size Axis	Deno- mina- tion	Obverse
54	L. Iulius Rome 141 B.C.	AR 2.750 18.5 ↖	D	Helmeted head of Roma r.; behind, XVI. Border of dots.
55	Cn. Gellius Rome 138 B.C.	AR 3.475 19.2 ←	D	Helmeted head of Roma r.; behind, X. Laureal wreath around.
56	P. Aelius Paetus Rome 138 B.C.	AR 3.780 19.0 ↓	D	Helmeted head of Roma r.; behind, X. Border of dots.
57	P. Aelius Paetus Rome 138 B.C.	AR 3.870 18.9 ↖	D	Similar.
58	Ti. Veturius Rome 137 B.C.	AR 3.800 19.2 ↖	D	Bust of Mars r., draped and helmeted; behind, X, and TI·VE. Border of dots.
59	Sex. Pompeius Rome 137 B.C.	AR 3.570 18.0 →	D	Helmeted head of Roma r.; behind, jug.; before, [X]. Border of dots.
60	M. Baebius Q.F. Tampilus Rome 137 B.C.	AR 2.720 18.0 ↖	D	Helmeted head of Roma. l., wearing necklace of pendants; behind, [TA]MPIV; before, X. Border of dots.
61	M. Baebius Q.f. Tampilus Rome 137 B.C.	AR 3.185 20.2 ↘	D	Helmeted head of Roma l., wearing necklace of beads; behind, TAMPIV; before, X. Border of dots.
62	Cn. Lucretius Trio Rome 136 B.C.	AR 3.830 18.0 ↙	D	Helmeted head of Roma r.; behind, TRI[O]; before, X. Line border within border within border of dots.
63	Cn. Lucretius Trio Rome 136 B.C.	AR 3.485 19.0 ↗	D	Similar.

[54] Part of coin broken.
[55] Coin perforated.
[59] Coin perforated.
[60] Coin with part border torn off.

Reverse	References	Inventory
Dioscuri on horseback r.; below, L·IV.I; in exergue, ROMA. Line border.	Craw. 224 Syd. 443	587
Mars (?) in quadriga r., holding shield in l. hand and grasping captive beside him with r. hand; below, CN·GEL; in exergue, ROMA. Line border.	Craw. 232/1 Syd. 434	585
Dioscuri on horseback r.; below, P·PAETVS; in exergue, ROMA. Line border.	Craw. 233/1 Syd. 455	738
Similar.	Craw. 233/1 Syd. 455	478
Oath-taking scene. Kneeling youth holding pig, between two soldiers standing and holding spears; above, ROMA. Line border.	Craw. 234/1 Syd. 527	728
She-wolf r., suckling twins; behind, fig-tree with birds on branches; on l., the shepherd Faustulus, identified by legend [FOSTLVS]; on r., SEX·[POM]; in exergue, [ROMA]. Line border.	Craw. 235/1 Syd. 461	4101
Apollo in quadriga r., holding branch in r. hand and bow and arrow in l. hand; below, ROMA; in exergue, [M·B]AEBI·Q·F. Line border.	Craw. 236/1a Syd. 489	517
Similar, but M·BAEBI·Q·F.	Craw. 236/1e Syd. 489	516
Dioscuri on horseback r.; below, CN·I VCR; in exergue, ROMA. Line border within border of dots.	Craw. 237/1 Syd. 450	604
Similar, but [R]OM[A].	Craw. 237/1 Syd. 450	605

No.	Symbol or moneyer Mint Date	Metal Weight Size Axis	Deno- mina- tion	Obverse
64	L. Antestius Gragulus Rome 136 B.C.	AR 3.180 18.0 ↓	D	Helmeted head of Roma r.; behind, GRAG; before, ✶. Border of dots.
65	L. Antestius Gragulus Rome 136 B.C.	AR 3.870 19.0 ↓	D	Similar.
66	L. Antestius Gragulus Rome 136 B.C.	AR 3.670 18.8 ↓	D	Similar, but before [✶].
67	C. Serveilius M.f. Rome 136 B.C.	AR 3.600 19.6 ↘	D	Helmeted head of Roma r., wearing neclace of pendants; behind, wreath and ✶; below, ROMA. Border of dots.
68	C. Serveilius M.f. Rome 136 B.C.	AR 3.850 19.6 ↘	D	Similar.
69	C. Serveilius M.f. Rome 136 B.C.	AR 3.370 20.0 ↖	D	Similar.
70	C. Minucius Augurinus Rome 135 B.C.	AR 3.855 18.3 ←	D	Helmeted head of Roma r.; behind, ROMA; before, X. Border of dots.
71	Ti. Minucius C.f. Augurinus Rome 134 B.C.	AR 3.600 19.0 ↘	D	Helmeted head of Roma r.; behind, ✶. Border of dots.
72	Ti. Minucius C.f. Augurinus Rome 134 B.C.	AR 3.275 20.2 ←	D	Similar.
73	C. Aburius Geminus Rome 134 B.C.	AR 3.725 19.0 →	D	Helmeted head of Roma r.; behind, GEM; before, ✶. Border of dots.

Reverse	References	Inventory
Jupiter in quadriga r., hurling thunderbolt and holding sceptre; below, Ɐ·ÆS; in exergue, ROMA. Line border.	Craw. 238/1 Syd. 451	482
Similar.	Craw. 238/1 Syd. 451	483
Similar.	Craw. 238/1 Syd. 451	484
Dioscuri riding apart, with spears reversed; in exergue, [C]·[SE]RVEILI·M·F. Border of dots.	Craw. 239/1 Syd. 525	696
Similar, but in exergue, C·SERVEILI·M·F.	Craw. 239/1 Syd. 525	697
Similar.	Craw. 239/1 Syd. 525	767
Spiral column surmounted by statue; two bells suspended from the capital; at base, two lions'heads; behind each of the lions, corn-ear; on l. togate figure holding loaves (?) in both hands and placing l. foot on modius; on r. togate figure holding lituus; above, C·AVG. Border of dots.	Craw. 242/1 Syd. 463	634
Spiral column surmounted by statue; at base, two corn-ears; on l., togate figure holding loaves and placing l. foot on modius; on r. togate figure holding lituus; above, ROMA; on l., TI·MINVCI C·F; on r., AVGVRINI. Border of dots.	Craw. 243/1 Syd. 494	635
Similar.	Craw. 243/1 Syd. 494	638
Mars in quadriga r., holding spear, shield and reins in l. hand and trophy in r. hand; below, C·ABVRI ; in exergue, ROMA. Border of dots.	Craw. 244/1 Syd. 490	476

No.	Symbol or moneyer Mint Date	Metal Weight Size Axis	Deno- mina- tion	Obverse
74	M. Marcius Mn.f. Rome 134 B.C.	AR 3.375 18.0 ←	D	Helmeted head of Roma r.; behind, modius; before, ✱. Border of dots.
75	M. Marcius Mn.f. Rome 134 B.C.	AR 3.845 19.6 ↖	D	Similar.
76	L. Minucius Rome 133 B.C.	AR 3.505 18.8 ↖	D	Helmeted head of Roma r.; behind, ✱. Border of dots.
77	M. Aburius M.f. Geminus Rome 132 B.C.	AR 3.825 18.7 ↓	D	Helmeted head of Roma r.; behind, GEM; before, ✱. Border of dots.
78	L. Postumius Albinus Rome 131 B.C.	AR 2.995 18.2 ↖	D sub.	Helmeted head of Roma r.; behind, apex; before, ✱. Border of dots.
79	Q.Caeciulis Q.f. Q.n. Metellus Rome 130 B.C.	AR 3.080 19.0 ↗	D	Helmeted head of Roma r.; behind, Q·METE:before,✱. Border of dots.
80	M. Varguntcius Rome 130 B.C.	AR 3.760 18.7 ↓	D	Helmeted head of Roma r.; behind, M·VAR G; before, ✱. Border of dots.
81	M. Vargunteius Rome 130 B.C.	AR 3.830 21.8 ↘	D	Similar.
82	Q. Marcius Philippus Rome 129 B.C.	AR 3.015 17.0 ↑	D	Helmeted head of Roma r.; star on flap; behind, ✱. Border of dots.
83	Q. Marcius Philippus Rome 129 B.C.	AR 3.025 17.0 ↑	D	Similar.

[74] Coin cracked. Border torn off.

[78] Nummus subaeratus.

[83] Inscription ROMA invisible.

Reverse	References	Inventory
Victory in biga r., holding whip in r. hand; below, M MRC divided by two corn-ears; RO MA. Border of dots.	Craw. 245/1 Syd. 500	622
Similar, but below, RO[MA].	Craw. 245/1 Syd. 500	626
Jupiter in quadriga r., hurling thunderbolt and holding sceptre; below, ·RO[MA]; in exergue, L·MIN[VCI]. Line border.	Craw. 248/1 Syd. 470	639
Sol in quadriga r., holding reins in l. hand and whip in r. hand; below, M·ABVRI; in exergue, [RO]M[A]. Border of dots.	Craw. 250/1 Syd. 487	477
Mars in quadriga r., holding trophy, shield and spear; below, L·POST·AL B; in exergue, ROMA. Border of dots.	Craw. 252 Syd. 472	669
Jupiter in quadriga r., holding reins and thunderbolt in l. hand and branch in r. hand; in exergue, ROMA. Line border.	Craw. 256/1 Syd. 509	518
Jupiter in quadriga r., holding thunderbolt and reins in l. hand and branch in r. hand; in exergue, ROMA. Line border.	Craw. 257/1 Syd. 507	719
Similar.	Craw. 257/1 Syd. 507	720
Horseman in armour galloping r., holding spear in r. hand; behind, helmet with goat's horns; below, Q·PILIPVS; in exergue, ROMA. Border of dots.	Craw. 259 Syd. 477	623
Similar, but in exergue, [ROMA].	Craw. 259 Syd. 477	624

No.	Symbol or moneyer Mint Date	Metal Weight Size Axis	Deno- mina- tion	Obverse
84	T. Cloelius Rome 128 B.C.	AR 3.740 18.6 ↖	D	Helmeted head of Roma r.; behind, wreath; below, ROMA. Border of dots.
85	T. Cloelius Rome 128 B.C.	AR 3.325 18.7 ↖	D	Similar.
86	M. Caecilius Q.f. Q.n. Metellus Rome 127 B. C.	AR 3.370 17.5 ↓	D	Helmeted head of Roma r.; on flap, star; behind, ROMA; before, [✱]. Border of dots.
87	C. Serveilius Vatia Rome 127 B.C.	AR 2.975 17.3 ↖	D sub.	Helmeted head of Roma r.; on flap, star; behind, lituus; below, ROMA; before, ✱. Border of dots.
88	C. Serveilius Vatia Rome 127 B.C.	AR 3.420 18.0 ↘	D	Similar.
89	Q. Fabius Q. Serviliani f.Q.n. Maximus Eburnus Rome 127 B.C.	AR 3.745 17.3 ↖	D	Helmeted head of Roma r.; behind, ROMA; before, ✱, and Q·MAX. Border of dots.
90	Q. Fabius Q. Serviliani f.Q.n. Maximus Eburnus Rome 127 B.C.	AR 3.730 18.0 ↗	D	Similar.
91	M. Porcius Laeca Rome 125 B.C.	AR 3.800 20.0 ↓	D	Helmeted head of Roma r.; behind, LAECA; before, ✱. Border of dots.
92	Q. Fabius Labeo Rome 124 B.C.	AR 4.875 18.6 ↘	D	Helmeted head of Roma r.; behind, ROMA; before, X and LA[BEO]. Border of dots.
93	Q. Fabius Labeo Rome 124 B.C.	AR 3.825 20.7 →	D	Similar, but LABEO.

[87] Nummus subaeratus.

Reverse	References	Inventory
Victory in biga r., holding reins in both hands; below, corn-ear; in exergue, T·CLOVLI. Line border.	Craw. 260/1 Syd. 516	526
Similar.	Craw. 260/1 Syd. 516	763
Macedonian shield; in centre, elephant's head; around, M· METELLVS Q·F. Laurel-wreath border.	Craw. 263/1a Syd. 480	519
Battle on horseback between man armed with sword and man armed with spear and shield inscribed [M]; in exergue, C·SERVE IL. Line border.	Craw. 264/1 Syd. 483	727
Similar, but in exergue, [C·SERVE IL].	Craw. 264/1 Syd. 463	770
Cornucopiae superimposed on thunderbolt; all within wreath of corn and poppyheads.	Craw. 265/1 Syd. 478	566
Similar.	Craw. 265/1 Syd. 478	567
Libertas crowned by flying Victory, in quadriga r., holding pileus and sceptre; below, M·PORC; in exergue, ROMA. Line border.	Craw. 270/1 Syd. 513	663
Jupiter in quadriga r., holding sceptre and hurling thunderbolt; below, rostrum; in exergue, Q·FABI. Border of dots.	Craw. 273/1 Syd. 532	563
Similar.	Craw. 273/1 Syd. 532	564

No.	Symbol or moneyer Mint Date	Metal Weight Size Axis	Deno- mina- tion	Obverse
94	Q. Fabius Labeo Rome 124 B.C.	AR 3.725 18.3 ↗	D	Similar.
95	Q. Fabius Labeo Rome 124 B.C.	AR 3.410 19.0 ↖	D	Similar.
96	Q. Fabius Labeo Rome 124 B.C.	AR 3.250 18.0 ↖	D	Similar.
97	C. Porcius Cato Rome 123 B.C.	AR 3.850 18.1 ↓	D	Helmeted head of Roma r.; behind, X. Border of dots.
98	C. Porcius Cato Rome 123 B.C.	AR 3.785 18.0 ↘	D	Similar.
99	M. Fannius C.f. Rome 123 B.C.	AR 3.780 17.4 ↙	D	Helmeted head of Roma r.; behind, [RO]MA; before, X. Border of dots.
100	M. Fannius C.f. Rome 123 B.C.	AR 3.580 17.2 ↙	D	Similar, but behind, ROMA.
101	M. Papirius Carbo Rome 122 B.C.	AR 3.865 19.5 ↗	D	Helmeted head of Roma r.; behind, branch; before, X. Border of dots.
102	M. Papirius Carbo Rome 122 B.C.	AR 3.750 18.4 →	D	Similar.
103	Q. Minucius Rufus Rome 122 B.C.	AR 3.770 19.7 →	D	Helmeted head of Roma r.; behind, RVF; before X. Border of dots.

[96] Part of border torn off.

Reverse	References	Inventory
Similar.	Craw. 273/1 Syd. 532	565
Similar.	Craw. 273/1 Syd. 532	753
Similar, but in exergue, [Q]·[FA]BI.	Craw. 273/1 Syd. 532	754
Victory in biga r., holding reins in l. hand and whip in r. hand; below, C·CATO; in exergue, ROMA. Border of dots.	Craw. 274/1 Syd. 417	662
Similar.	Craw. 274/1 Syd. 417	671
Victory in quadriga r., holding reins in l. hand and wreath in r. hand; in exergue, [M]·[F]A/ ·C·F. Line border.	Craw. 275/1 Syd. 419	568
Similar, but in exergue, M·FA/ ·C·F.	Craw. 275/1 Syd. 419	569
Jupiter in quadriga r., holding reins and sceptre in l. hand and hurling thunderbolt with r. hand; below, M·CARBO; in exergue, ROMA. Line border.	Craw. 276 Syd. 423	648
Similar, but in exergue, [ROMA].	Craw. 276 Syd. 423	649
Dioscuri on horseback r.; below, Q·MINV; in exergue, ROMA. Line border.	Craw. 277/1 Syd. 421	633

No.	Symbol or moneyer Mint Date	Metal Weight size Axis	Deno- mina- tion	Obverse
104	C. Plutius Rome 121 B.C.	AR 3.800 19.1 ↓	D	Helmeted head of Roma r.; behind, X. Border of dots.
105	Cn. Papirius C.f. Carbo Rome 121 B.C.	AR 3.870 20.8 ↓	D	Helmeted head of Roma r.; curl on l.shoulder; behind, X. Border of dots.
106	Cn. Papirius C.f. Carbo Rome 121 B.C.	AR 3.730 20.5 ↘	D	Similar.
107	M. Tullius Rome 120 B.C.	AR 3.750 21.2 ↘	D	Helmeted head of Roma r.; lock of hair on l. shoulder; behind, ROMA. Border of dots.
108	M. Fourius L.f. Philus Rome 119 B.C.	AR 3.860 18.4 ↖	D	Laureate head of Janus; around, M·[FO]VRI·L·F. Border of dots.
109	L. Pomponius Cn.f.; L. Licinius L.f.C.n. Crassus; Cn. Domitius Cn. f.Cn.n. Ahenobarbus Narbo 118 B.C.	AR 3.875 20.8 ↙	D serr.	Helmeted head of Roma r.; around, L·POꟽ⅃ONI·CNF; behind, X. Border of dots.
110	L. Pomponius Cn.f.; L. Licinius L.f.C.n. Crassus; Cn. Domitius Cn.f.Cn.n. Ahenobarbus Narbo 118 B.C.	AR 3.530 20.2 ↖	D serr.	Similar.
111	L. Pomponius Cn.f.; L. Licinius L.f.C.n. Crassus; Cn. Domitius Cn.f.Cn.n. Ahenobarbus Narbo 118 B.C.	AR 3.285 18.8 ←	D serr.	Similar.

---

104 On obverse punch mark in shape of crescent.
112 Coin perforated.

Reverse	References	nventory
Dioscuri on horseback r.; below, C·PLVT[I]; in exergue, ROMA. Border of dots.	Craw. 278/1 Syd. 410	657
Jupiter in quadriga r., holding reins and sceptre in l. hand and hurling thunderbolt with r. hand; below, CARB; in exergue, ROMA Line border.	Craw. 279/1 Syd. 415	650
Similar, but in exergue, [RO]MA.	Craw. 279/1 Syd. 415	759
Victory in quadriga r., holding palm-branch; above, wreath; below, X; in exergue, M·TV[LLI]. Border of dots.	Craw. 280 Syd. 531	717
Roma standing l., holding sceptre and crowning trophy; above, star; behind, ROMA; the trophy is surmounted by helmet and flanked by carnyx and shield on each side; in exergue, PHLI. Border of dots.	Craw. 281 Syd. 529	583
Naked warrior in biga r., holding shield, carnyx and reins in l. hand and hurling spear with r. hand; in exergue, L·LIC·CN·DOM. Border of dots.	Craw. 282/4 Syd. 522	661
Similar, but in exergue, L·LIC·[CN·DOM].	Craw. 282/4 Syd. 522	775
Similar.	Craw. 282/4 Syd. 522	776

No.	Symbol or moneyer Mint Date	Metal Weight Size Axis	Deno- mina- tion	Obverse
112	M. Calidius; Q. Caecilius L.f.Q.n. Metellus Numidicus or Q. Caecilius Q.f.Q.n. Metellus Nepos; Cn. Fulvius Rome 117 or 116 B.C.	AR 3.820 18.9 ↖	D	Helmeted head of Roma r.; behind. ROMA; before, ⚹. Border of dots.
113	M. Calidius; Q. Caecilius L.f.Q.n. Metellus Numidicus or Q. Caecilius Q.f.Q.n. Metellus Nepos; Cn. Fulvius Rome 117 or 116 B.C.	AR 3.795 18.0 ↘	D	Similar.
114	Cn. Domitius Cn.f.Cn.n. Ahenobarbus Rome 116 or 115 B.C.	AR 3.430 18.4 ↖	D	Helmeted head of Roma r.; lock of hair on l. shoulder; before, ROMA; behind, X. Border of dots.
115	Cn. Domitius Cn.f.Cn.n. Ahenobarbus Rome 116 or 115 B.C.	AR 3.880 21.0 ↙	D	Similar.
116	Q. Curtius, M. Iunius D.f.D.n. Silanus Rome 116 or 115 B.C.	AR 3.740 18.7 ↘	D	Helmeted head of Roma r.; lock of hair on l. shoulder; before Q·CVRT; behind, X. Border of dots.
117	M. Sergius Silus Rome 116 or 115 B.C.	AR 3.400 17.5 ←	D	Helmeted head of Roma r.; before, [EX]·S[C]; behind, ROMA and X. Border of dots.
118	M. Sergius Silus Rome 116 or 115 B.C.	AR 3.745 17.9 ↖	D	Similar, but before, EX·S·C.
119	M. Sergius Silus Rome 116 or 115 B.C.	AR 3.720 18.4 ↙	D	Similar.
120	M. Sergius Silus Rome 116 or 115 B.C.	AR 3.770 18.4 ↖	D	Similar, but before, EX·[S·C].
121	M. Sergius Silus Rome 116 or 115 B.C.	AR 3.780 18.3 ↘	D	Similar.

Reverse	References	Inventory
Victory in biga r., holding reins and wreath; below, CNFOVL; in exergue, M·CA[QNE·]. Border of dots.	Craw. 284/1b Syd. 539a	545
Similar, but in exergue, M·CA[Q·NE]	Craw. 284/1b Syd. 539a	581
Jupiter in quadriga r., holding thunderbolt and branch; in exergue, CN·DOM[I]. Line border.	Craw. 285/1 Syd. 535	558
Similar, but in exergue, CN·DOMI.	Craw. 285/1 Syd. 535	559
Jupiter in quadriga r., holding sceptre in l. hand and hurling thunderbolt with r. hand; above, lituus; below, M·SIA; in exergue, [RO]MA. Line border.	Craw. 285/2 Syd. 537	557
Horseman galloping l., holding in l. hand sword and severed head; in field, Q; below, M·SERGI; in exergue, [SILVS]. Border of dots.	Craw. 286/1 Syd. 534	688
Similar, but in exergue, SILV[S].	Craw. 286/1 Syd. 534	691
Similar, but in exergue, SILVS.	Craw. 286/1 Syd. 534	711
Similar, but in exergue, [SILVS].	Craw. 286/1 Syd. 534	710
Similar.	Craw. 286/1 Syd. 534	737

No.	Symbol or moneyer Mint Date	Metal Weight Size Axis	Deno- mina- tion	Obverse
122	Anonymous Rome 115 or 114 B.C.	AR 3.470 19.0 ↖	D	Head of Roma r., wearing winged Corinthian helmet; below, ROMA; behind, X. Border of dots.
123	M. Cipius M.f. Rome 115 or 114 B.C.	AR 2.730 15.3 ↑	D sub.	Helmeted head of Roma r.; before, M·CIPI·M·F; behind, X. Border of dots.
124	M. Cipius M.f. Rome 115 or 114 B.C.	AR 3.660 17.4 ↙	D	Similar.
125	M. Cipius M.f. Rome 115 or 114 B.C.	AR 3.500 17.8 →	D	Similar.
126	Mn. Aemilius Lepidus Rome 114 or 113 B.C.	AR 3.570 18.1 ↖	D	Laureate female bust r., wearing diadem; before, ROMA; behind, ✱. Border of dots.
127	P. Licinius Nerva Rome 113 or 112 B.C.	AR 3.850 17.1 ↗	D	Bust of Roma l., wearing helmet and holding shield in l. hand and spear over shoulder in r. hand; above, crescent; before, ✱; behind, ROMA. Border of dots.
128	L. Marcius Q.f.Q.n. Philippus Rome 113 or 112 B.C.	AR 3.925 18.7 ↘	D	Male head r. (Philip V of Macedon) wearing helmet with goat's horns and diadem; behind, ROMA; before, Φ. Border of dots.
129	Cn. Cornelius Blasio Rome 112 or 111 B.C.	AR 3.800 18.4 ↖	D	Head of Mars r., wearing Corinthian helmet; above, [✱]; before, [CN]·[BLASIO]·CN·F; behind, wreath. Border of dots.
130	Ti. Q[uinctius] (Flamininus) Rome 112 or 111 B.C.	AR 3.670 18.2 ↙	D	Bust of Hercules l., seen from behind; club over r. shoulder. Border of dots.
131	L. Caesius Rome 112 or 111 B.C.	AR 3.150 18.7 ↖	D	Bust Apollo l., seen from behind with thunderbolt on r. hand; on r., A. Border of dots.

125 Nummus subaeratus.

130 Coin perforated.

Reverse	References	Inventory
Roma, wearing Corinthian helmet, seated r. on pile of shields, holding spear in l. hand; at feet, helmet; before, she-wolf and twins; on either side, bird flying. Border of dots.	Craw. 287 Syd. 530	480
Victory in biga r., holding reins and palm-branch; below, [rudder]; in exergue, ROMA. Border of dots.	Craw. 289 Syd. 546	539
Similar, but below, rudder.	Craw. 289 Syd. 546	542
Similar.	Craw. 289 Syd. 546	543
Three arches, on which stands equestrian statue. Around, [ꟿ]·AEMILI[O]; between arches, [L] E P. Border of dots.	Craw. 291 Syd. 554	781
Voting scene – one voter on l. of pons receives ballot from attendant below, another voter on r. of pons places ballot in cista; above, P·NERVA; at top of coin, bar on which stands tablet bearing letter [P]. Border of dots.	Craw. 291/1 Syd. 548	602
Equestrian statue – horseman carries laurel-branch; at horse's feet, flower; below, on tablet, [L]·PHILIPPVS; below, ✱. Border of dots.	Craw. 293/1 Syd. 551	625
Jupiter, holding sceptre and thunderbolt, standing between Juno and Minerva; Juno holds sceptre, Minerva holds sceptre in l. hand and crowns Jupiter with r. hand; below, [ROMA]. Border of dots.	Craw. 296/1e Syd. 561	547
Desultor l.; behind, Q; below, rat l. between [TI] Q; in exergue, incuse on tablet, D·S·S. Border of dots.	Craw. 297/1a Syd. 563	3985
Lare Praestites seated facing, with dog between, each holding staff in l. hand; above, bust of Vulcan; on l., A; on r., ꓤ; in exergue, [L·CÆSI]. Border of dots.	Craw. 298/1 Syd. 564	531

No.	Symbol or moneyer Mint Date	Metal Weight Size Axis	Deno- mina- tion	Obverse
132	Ap. Claudius Ap.f.C.n. Pulcher; T. Maloleius; Q. Urbinius Rome 111 or 110 B.C.	AR 3.750 17.3 ↓	D	Helmeted head of Roma r.; behind, quadrangular device. Border of dots.
133	Ap. Claudius Ap.f.C.n. Pulcher; T. Maloleius; Q. Urbinius Rome 111 or 110 B.C.	AR 3.830 17.6 ↖	D	Similar.
134	Ap. Claudius Ap.f.C.n. Pulcher; T. Maloleius; Q. Urbinius Rome 111 or 110 B.C.	AR 3.990 18.0 ↖	D	Helmeted head of Roma r.; behind, quadrangular device. Border of dots.
135	Ap. Claudius Ap.f.C.n. Pulcher; T. Maloleius; Q. Urbinius Rome 111 or 110 B.C.	AR 3.815 18.0 ↗	D	Similar.
136	C. Claudius Ap.f.C.n. Pulcher Rome 110 or 109 B.C.	AR 3.850 18.2 ↙	D	Helmeted head of Roma r.; circle on side of helmet. Border of dots.
137	C. Claudius Ap.f.C.n. Pulcher Rome 110 or 109 B.C.	AR 3.745 18.0 ↙	D	Similar
138	P. Porcius Laeca Rome 110 or 109 B.C.	AR 3.660 17.6 ↙	D	Helmeted head of Roma r.; above, [ROMA]; behind, [P·LÆCA]; before, X. Border. of dots.
139	L. Flaminius Chilo Rome 109 or 108 B.C.	AR 3.960 19.1 ↖	D	Helmeted head of Roma r.; behind, ROMA; before, X. Border of dots.
140	L. Flaminius Chilo Rome 109 or 108 B.C.	AR 4.020 20.0 ↖	D	Similar.
141	L. Flaminius Chilo Rome 109 or 108 B.C.	AR 3.785 19.1 ↙	D	Similar.

Reverse	References	Inventory
Victory in triga r., holding reins in both hands; in exergue, AP·CL·T·MA·Q·VR. Border of dots.	Craw. 299/1a Syd. 570	617
Similar, but in exergue, [AP]·CL·T·MA·[Q·VR].	Craw. 299/1a Syd. 570	618
Victory in triga r., holding reins in both hands; in exergue, T·MA·AP·CL·Q·VR. Border of dots.	Craw. 299/1b Syd. 570a	619
Similar, but in exergue, T·MA·AP·CL·[Q·VR].	Craw. 299/1b Syd. 570a	761
Victory in biga r., holding reins in both hands; in exergue, C·PVLCHER. Border of dots.	Craw. 300 Syd. 569	522
Similar.	Craw. 300 Syd. 569	525
Figure in military dress l., with r. hand raised; on l., figure in toga, gesturing with r. hand; on r., attendant with rod in r. hand and two rods in l. hand; in exergue, PROVOC[O]. Border of dots.	Craw. 301/1 Syd. 571	664
Victory in biga r., holding reins in l. hand and wreath in r. hand; below, L·FLAMINI; in exergue, CILO. Border of dots.	Craw. 302/1 Syd. 540	570
Similar.	Craw. 302/1 Syd. 540	571
Similar.	Craw. 302/1 Syd. 540	572

No.	Symbol or moneyer Mint Date	Metal Weight Size Axis	Deno- mina- tion	Obverse
142	L. Flaminius Chilo Rome 109 or 108 B.C.	AR 3.075 19.3 ↖	D sub.	Similar.
143	Mn. Aquillius Mn.f.Mn.n. Rome 109 or 108 B.C.	AR 3.180 18.7 ↙	D	Head of Sol r.; before, X. Border of dots.
144	L. Memmius Rome 109 or 108 B.C.	AR 2.705 20.0 ↓	D	Male head r., wearing oak-wreath; before, ✱. Border of dots.
145	Q. Lutatius Cerco Rome 109 or 108 B.C.	AR 3.870 18.2 ↗	D	Helmeted head of Roma r. (helmet has plume on each side); above, ROMA; before, CERCO; behind, ✱. Border of dots.
146	Q. Lutatius Cerco Rome 109 or 108 B.C.	AR 3.630 19.0 ↗	D	Similar, but above, [ROMA]; behind, [✱].
147	L. Valerius L.f.L.n. Flaccus Rome 108 or 107 B.C.	AR 3.180 19.2 ↗	D	Bust of Victory r., draped; before, [✱]. Border of dots.
148	Mn. Fonteius Rome 108 or 107 B.C.	AR 3.775 19.0 ↗	D	Laureate heads of Dioscuri r.; below, [✱]. Border of dots.
149	M. Herennius M.f. Rome 108 or 107 B.C.	AR 3.610 18.2 ↖	D	Head of Pietas r., wearing diadem; behind, PIEAS. Border of dots.
150	M. Herennius M.f. Rome 108 or 107 B.C.	AR 3.370 18.3 ↗	D	Similar.
151	L. Cornelius L.f.L.n. Scipio Asiaticus Rome 106 B.C.	AR 3.370 17.4 ↓	D serr.	Laureate head of Jupiter l.; behind H. Border of dots.

142 Nummus subaeratus.
146 Coin perforated.
148 On reverse control mark effaced.

Reverse	References	Inventory
Similar.	Craw. 302/1 Syd. 540	573
Luna in biga r., holding reins in both hands; above, crescent and three stars; below, one star and ꟿ·AQVIL; in exergue, [RO]MA. Border of dots.	Craw. 303/1 Syd. 557	523
Dioscuri standing facing between their horses, each holding spear; in exergue, L·MEMMI. Border of dots.	Craw. 304/1 Syd. 558	652
Ship r.; above, Q·LVTATI; Q around, oak-wreath. Border of dots.	Craw. 305/1 Syd. 559	614
Similar, but Q·L[VTATI]. Q	Craw. 305/1 Syd. 559	615
Mars walking l., holding spear reversed in r. hand and trophy over l. shoulder; before, apex; behind, corn-ear; on l., L·VALERI [FL]ACCI Border of dots.	Craw. 306/1 Syd. 565	718
Ship with oars r.; above, ꟿ·FONEI.; below, [controlletter?]. Border of dots.	Craw. 307/1b Syd. 566	574
One of the Catanaen brothers running r. and carring his father on his shoulder; on l. M·HERENNI; on r., ⳩. Border of dots.	Craw. 308/1b Syd. 567	586
Similar, but [M·HERENNI], on. r. [⳩]	Craw. 308/1b Syd. 567	3965
Jupiter in quadriga r., hurling thunderbolt and holding ceptre; in exergue, L·SCIP·ASIA[G]. Border of dots.	Craw. 311/1a Syd. 576	548

No.	Symbol or moneyer Mint Date	Metal Weight Size Axis	Deno- mina- tion	Obverse
152	C. Sulpicius C.f. Rome 106 B.C.	AR 3.110 19.1 ←	D serr.	Laureate heads of Dei Penates l.; before, D·P·P. Border of dots.
153	L. Thorius Balbus Rome 105 B.C.	AR 3.570 19.5 ↗	D	Head of Juno Sospita r., wearing goat-skin; behind, I·S·M·R. Border of dots.
154	L. Thorius Balbus Rome 105 B.C.	AR 3.670 18.1 ↙	D	Similar.
155	L. Appuleius Saturninus Rome 104 B.C.	AR 3.900 18.7 ↘	D	Helmeted head of Roma l. Border of dots.
156	L. Appuleius Saturninus Rome 104 B.C.	AR 3.550 18.0 ↙	D	Similar.
157	C. Coelius C.f.C.n. Caldus Rome 104 B.C.	AR 3.795 18.0 ↘	D	Helmeted head of Roma l. Border of dots.
158	Q. Minucius M.f. Thermus Rome 103 B.C.	AR 3.590 18.9 ↘	D	Helmeted head of Mars l. (helmet has long crest and plume on each side). Border of dots.
159	Q. Minucius M.f. Thermus Rome 103 B.C.	AR 3.560 18.2 ↖	D	Similar.
160	Q. Minucius M.f. Thermus Rome 103 B.C.	AR 3.950 18.5 ↘	D	Similar.
161	L. Iulius L.f.Sex.n. Caesar Rome 103 B.C.	AR 2.955 17.4 ↙	D	Helmeted head of Mars l. (helmet has long crest and plume on each side); behind, CAESAR; above, b̆. Border of dots.
162	L. Iulius Rome 101 B.C.	AR 3.525 20.7 ↓	D	Helmeted head of Roma r.; behind, corn-ear. Border of dots.

Reverse	References	Inventory
Two soldiers standing facing each other, each holding spear in l. hand and with r. hand pointing at sow which lies between them; in exergue, C·SVLPICI·C·F. Border of dots.	Craw. 312/1 Syd. 572	700
Bull charging r.; above, F; below, L·THORIVS; in exergue, BALBVS. Border of dots.	Craw. 316/1 Syd. 598	702
Similar, but above, X; in exergue, BALBV[S]	Craw. 316/1 Syd. 598	709
Saturn in quadriga r., holding reins and harpa; above, Λ; in exergue, L·SATVRN. Border of dots.	Craw. 317/3a Syd. 578	490
Similar, but below, C.	Craw. 317/3b Syd. 578a	489
Victory in biga l., holding reins in both hands; above, ·G; below, C·COIL; in exergue, CALD. Border of dots.	Craw. 318/1a Syd. 582	772
Two soldiers fighting; the one on l. protects a fallen comrade; in exergue, Q·TERM·MF. Border of dots.	Craw. 319/1 Syd. 592	640
Similar.	Craw. 319/1 Syd. 592	768
Similar.	Craw. 319/1 Syd. 592	3966
Venus in chariot drawn by two Cupids l., holding sceptre and reins; above, R·; below, lyre; in exergue, L·IVLI·L·F. Border of dots.	Craw. 320/1 Syd. 593	589
Victory in biga r., holding reins in both hands; below, L·IVLI. Border of dots.	Craw. 323/1 Syd. 585	588

No.	Symbol or moneyer Mint Date	Metal Weight Size Axis	Deno- mina- tion	Obverse
163	L. Iulius Rome 101 B.C.	AR 2.775 18.4 ↓	D	Similar.
164	M. Lucilius Rufus Rome 101 B.C.	AR 3.930 19.7 →	D	Helmeted head of Roma r.; behind, PV. Laurel-wreath as border.
165	L. Sentius C.f. Rome 101 B.C.	AR 3.730 19.7 ↓	D	Helmeted head of Roma r.; behind, ARG·PVB. Border of dots.
166	P. Servilius M.f. Rullus Rome 100 B.C.	AR 3.800 19.0 ↗	D	Bust of Minerva l., wearing Corinthian helmet and aegis: behind, RVLLI. Border of dots.
167	P. Servilius M.f. Rullus Rome 100 B.C.	AR 3.190 18.7 ↙	D	Similar.
168	L. Calpurnius Piso (Caesoninus), Q. Servilius Caepio Rome 100 B.C.	AR 3.210 18.0 ↘	D	Laureate head of Saturn r.; behind, harpa; around, PISO·CAEPIO·Q; below, trident. Border of dots.
169	P. (Vettius) Sabinus Rome 99 B.C.	AR 1.320 13.0 ↘	Q	Laureate head of Jupiter r.; behind, V. Border of dots.
170	P. (Vettius) Sabinus Rome 99 B.C.	AR 1.690 14.6 ↖	Q	Similar, but behind, Q.
171	T. Cloelius (Cloulius) Rome 98 B.C.	AR 1.600 15.0 ↖	Q	Laureate head of Jupiter r.; behind, D. Border of dots.
172	T. Cloelius (Cloulius) Rome 98 B.C.	AR 1.670 15.1 ↗	Q	Similar, but behind, [control mark?].

163 Part of coin torn off.

168 No control mark on obverse.

169 Control mark on obverse effaced.

Reverse	References	Inventory
Similar.	Craw. 323/1 Syd. 585	3998
Victory in biga r., holding reins in l. hand and whip in r. hand; below, M·LVCILI· above, RVF. Border of dots.	Craw. 324/1 Syd. 599	603
Jupiter in quadriga r., holding thunderbolt and reins in l. hand and sceptre in r. hand; below, B and L·SENTI·C·F. Border of dots.	Craw. 325/1 Syd. 600	736
Victory in biga r., holding palm-branch in l. hand and reins in r. hand; below, P; in exergue, P·SERVILI·M·F. Border of dots.	Craw. 328/1 Syd. 601	698
Similar.	Craw. 328/1 Syd. 601	752
Two male figures seated l. on subsellium; on each side, corn-ear; in exergue, AD·FRV·EMV. Border of dots. EX·[S·C].	Craw. 330/1a Syd. 603	532
Victory r., holding palm and crowning trophy; between, P·SABIN; in exergue, [Q]. Line border.	Craw. 331/1 Syd. 587	722
Similar, but in exergue, Q.	Craw. 331/1 Syd. 587	723
Victory r., holding palm and crowning trophy; before trophy, captive with hands tied behind back; beside trophy, carnyx; between Victory and trophy, T CLOVLI; in exergue, Q. Line border.	Craw. 332/1a Syd. 586	544
Similar, but in exergue, [Q].	Craw. 332/1a Syd. 586	762

No.	Symbol or moneyer Mint Date	Metal Weight Size Axis	Deno- mina- tion	Obverse
173	T. Cloelius (Cloulius) Rome 98 B. C.	AR 1.400 14.0 ↗	Q	Similar, but behind, E.
174	C. Egnatuleius C.f. Rome 97 B.C.	AR 1.685 17.6 ↘	Q	Laureate head of Apollo r.; behind, [C]·EGAT·V·EI·C·F·Q. Border of dots.
175	C. Egnatuleius C.f. Rome 97 B.C.	AR 1.660 15.2 ↙	Q	Similar, but behind, C·EGAT V EI·C·F·Q.
176	C. Egnatuleius C.f. Rome 97 B.C.	AR 1.780 16.0 ↖	Q	Similar.
177	C. Egnatuleius C.f. Rome 97 B.C.	AR 1.320 15.0 ←	Q	Similar.
178	C. Egnatuleius C.f. Rome 97 B.C.	AR 1.845 14.1 ↑	Q	Similar.
179	C. Publicius Malleolus C.f., A. Postumius S.f. Albinus; L. Caecilius L.f.Q.n. Metellus Delmaticus Rome ?96 B.C.	AR 3.900 18.0 ↙	D	Laureate head of Apollo r.; before, A·ALB·S·F; behind, L·METEL. Border of dots.
180	C. Publicius Malleolus C.f., A. Postumius S.f. Albinus; L. Caecilius L.f.Q.n. Metellus Delmaticus Rome ?96 B.C.	AR 3.950 19.0 ←	D	Similar.
181	C. Allius Bala Rome 92 B.C.	AR 3.800 17.8 ↖	D	Female head r., wearing diadem; behind, BALA; before, G. Border of dots.

Reverse	References	Inventory
Similar, but in exergue, Q.	Craw. 332/1a Syd. 586	778
Victory l., inscribing shield attached to trophy; beside trophy, carnyx; between Victory and trophy, Q; in exergue, ROMA. Border of dots	Craw. 333/1 Syd. 588	560
Similar.	Craw. 333/1 Syd. 588	561
Similar.	Craw. 333/1 Syd. 588	562
Similar.	Craw. 333/1 Syd. 588	739
Similar.	Craw. 333/1 Syd. 588	751
Roma seated l. on pile of shields, holding sword and spear, crowned from behind by Victory; on l., C·MA_; in exergue, ROMA. Border of dots.	Craw. 335/1a Syd. 611	520
Similar.	Craw. 335/1a Syd. 611	521
Diana in biga of stags r., holding sceptre and torch, with quiver over shoulder; below, quiver; in exergue, C·ALLI; Laurel--wreath border.	Craw. 336/1c Syd. 595	479

No.	Symbol or moneyer Miñt Date	Metal Weight Size Axis	Deno- mina- tion	Obverse
182	L. Calpurnius Piso Frugi Rome 90 B.C.	AR 3.980 18.7 ↓	D	Laureate head of Apollo r.; behind, E. Border of dots.
183	L. Calpirnius Piso Frugi Rome 90 B.C.	AR 3.380 17.7 ←	D	Similar, but behind, R; before, E.
184	L. Calpurnius Piso Frugi Rome 90 B.C.	AR 3.295 16.2 ↘	D	Similar, but before, [symbol?].
185	L. Calpurnius Piso Frugi Rome 90 B.C.	AR 3.210 18.4 ↑	D	Similar, but behind, bucranium.
186	L. Calpurnius Piso Frugi Rome 90 B.C.	AR 3.020 17.0 ↓	D	Similar, but before, C; behind, [X].
187	L. Calpurnius Piso Frugi Rome 90 B.C.	AR 3.070 17.7 ↙	D	Similar, but behind, XXI.
188	Q. Titius Rome 90 B.C.	AR 3.880 17.5 →	D	Male head r., with pointed beard and wearing winged diadem. Line border.
189	Q. Titius Rome 90 B.C.	AR 3.810 18.0 ↗	D	Similar.
190	Q. Titius Rome 90 B.C.	AR 3.700 18.0 ↑	D	Head of Liber r., wearing ivy-wreath. Line border.
191	Q. Titius Rome 90 B.C.	AR 1.850 14.2 ↘	Q	Bust of Victory r., draped. Border of dots.

[184] Part of coin broken.
[190] Obverse stamp shifted. Part of face invisible.

Reverse	References	Inventory
Naked horseman galloping r., holding palm-branch; below, [L]·PISO·FRVGI. Border of dots. A	Craw. 340/1 Syd. 664/k	3959
Similar, but L·PISO·FRVG[I]. ·G·	Craw. 340/1 Syd. 665/a	534
Similar, but L·PISO·FRV[GI]. ·H·	Craw. 340/1 Syd. 664b	538
Similar, but [L·PISO·] FRVGI; below, [letter?].	Craw. 340/1 Syd. 664b? —	536
Similar, but L·PISO·FRV GI above, caduceus; below, [letter or symbol?].	Craw. 349/1 Syd.?	535
Similar, but L·PISO·FRVGI; above, [letter or symbol?]; below, [letter or symbol?].	Craw. 340/1 Syd.?	537
Pegasus r.; below, on tablet, Q·TITI. Line border.	Craw. 341/1 Syd. 691	703
Similar.	Craw. 341/1 Syd. 691	704
Pegasus r.; below, on tablet, Q·TITI. Line border.	Craw. 341/2 Syd. 692	705
Pegasus r.; below, Q·TITI. Border of dots.	Craw. 341/3 Syd. 693	707

No.	Symbol or moneyer Mint Date	Metal Weight Size Axis	Deno- mina- tion	Obverse
192	O. Titius Rome 90 B.C.	AR 1.780 12.7 →	Q	Similar.
193	C. Vibius C.f. Pansa Rome 90 B.C.	AR 3.695 17.2 ↖	D	Laureate head of Apollo r.; behind, PANSA; before, wreath. Border of dots.
194	C. Vibius C.f. Pansa Rome 90 B.C.	AR 3.425 18.6 ↘	D	Similar, but behind, [PANSA]; before, [symbol?].
195	C. Vibius C.f. Pansa Rome 90 B.C.	AR 3.610 17.7 →	D	Similar, but behind, PANSA; before, capricorn.
196	C. Vibius C.f. Pansa Rome 90 B.C.	AR 3.955 19.5 ↗	D	Similar, before, X.
197	C. Vibius C.f. Pansa Rome 90 B.C.	AR 3.950 19.5 ↙	D	Similar, but before, caduceus; behind, PAN[SA].
198	C. Vibius C.f. Pansa Rome 90 B.C.	AR 3.020 18.7 ↙	D	Similar, but before, corn-ear; behind, [PANSA].
199	C. Vibius C.f. Pansa Rome 90 B.C.	AR 4.025 18.4 ↖	D	Similar, but before, [symbol?].
200	C. Vibius C.f. Pansa Rome 90 B.C.	AR 3.260 17.1 ↓	D	Similar, but behind, [PA]N[SA].
201	M. Porcius Cato Rome 89 B.C.	AR 1.860 13.5 ↙	Q	Head of Liber r., wearing ivy-wreath; behind, M·CAO. Border of dots.

[193] Coin perforated.

[198] Coin perforated.

[200] Coin craked on obverse and reverse; part of border torn off.

Reverse	References	Inventory
Similar.	Craw. 341/3 Syd. 693	708
Minerva in quadriga r., holding trophy in r. hand and spear and reins in l. hand; in exergue, C·VIBIVS·C·F. Border of dots.	Craw. 342/5b Syd. 684c	724
Similar.	Craw. 342/5b Syd. 684	725
Similar.	Craw. 342/5b Syd. 684c	726
Similar.	Craw. 342/5b Syd. 684a	729
Similar.	Craw. 342/5b Syd. 684	730
Similar, but [C]·VIBIV[S·C·F].	Craw. 342/5b Syd. 684	731
Similar.	Craw. 342/5b Syd. 684c	741
Similar, but C·VIBIVS·[C·F].	Craw. 342/5b Syd. 684c	743
Victory seated r., holding patera in r. hand and palm-branch in l. hand, over l. shoulder; in exergue, VICTRIX. Border of dots.	Craw. 343/2a Syd. 597	665

No.	Symbol or moneyer Mint Date	Metal Weight Size Axis	Deno- mina- tion	Obverse
202	M. Porcius Cato Rome 89 B.C.	AR 1.745 11.7 ↙	Q	Similar, but behind, M·[CĀO].
203	M. Porcius Cato Rome 89 B.C.	AR 1.920 13.8 ↖	Q	Similar.
204	L. Titurius Sabinus Rome 89 B.C.	AR 3.700 17.2 ↘	D	Head of King Tatius r., bearded; before, Ā; behind, SABIN. Border of dots.
205	L. Titurius Sabinus Rome 89 B.C.	AR 3.020 19.4 ↖	D	Similar.
206	L. Titurius Sabinus Rome 89 B.C.	AR 3.590 18.7 ↗	D	Head of King Tatius r., bearded; before, palm-branch; behind, SABIN. Border of dots.
207	L. Titurius Sabinus Rome 89 B.C.	AR 3.390 19.0 ↖	D	Head of King Tatius r., bearded; before, palm-branch; behind, SABIN. Border of dots.
208	L. Titurius Sabinus Rome 89 B.C.	AR 3.710 18.4 ↗	D	Similar.
209	Cn. Cornelius Cn.f. Lentulus Clodianus Rome 88 B.C.	AR 3.830 17.2 ↘	D	Bust of Mars r., seen from behind, wearing Corinthian helmet, with spear and sword. Border of dots.
210	Cn. Cornelius Cn.f. Lentulus Clodianus Rome 88 B.C.	AR 3.780 17.2 ↘	D	Similar.
211	Cn. Cornelius Cn.f. Lentulus Clodianus Rome 88 B.C.	AR 3.960 17.5 ↑	D	Similar.

[207] Perforation spindle shaped.

Reverse	References	Inventory
Similar.	Craw. 343/2a Syd. 597	666
Similar.	Craw. 343/2a Syd. 597	667
Rape of the Sabine women; in exergue, L·TITVRI. Border of dots.	Craw. 344/1a Syd. 698	712
Similar.	Craw. 344/1a Syd. 698	714
Rape of the Sabine women; in exergue, L·TITVRI. Border of dots.	Craw. 344/1b Syd. 698a	713
Killing of Tarpeia; above, star and crescent; in exergue, L·TITVRI. Border of dots.	Craw. 344/2b Syd. 699	715
Similar.	Craw. 344/2b Syd. 699	716
Victory in biga r., holding wreath; in exergue, CN·LENTVL. Border of dots.	Craw. 345/1 Syd. 702	549
Similar.	Craw. 345/1 Syd. 702	550
Similar.	Craw. 345/1 Syd. 702	551

No.	Symbol or moneyer Mint Date	Metal Weight Size Axis	Deno- mina- tion	Obverse
212	Cn. Cornelius Cn.f. Lentulus Clodianus Rome 88 B.C.	AR 3.520 18.8 ↖	D	Similar.
213	Cn. Cornelius Cn.f. Lentulus Clodianus Rome 88 B.C.	AR 3.320 16.0 ↖	D	Similar.
214	Cn. Cornelius Cn.f. Lentulus Clodianus Rome 88 B.C.	AR 3.470 15.9 ↓	D	Similar.
215	Cn. Cornelius Cn.f. Lentulus Clodianus Rome 88 B.C.	AR 1.680 14.6 ↙	Q	Laureate head of Jupiter r. Border of dots.
216	Cn. Cornelius Cn.f. Lentulus Clodianus Rome 88 B.C.	AR 1.725 14.3 ↘	Q	Similar.
217	Cn. Cornelius Cn.f. Lentulus Clodianus Rome 88 B.C.	AR 1.750 14.2 ↘	Q	Similar.
218	C. Marcius Censorinus Rome 88 B.C.	AE 10.075 27.3 ↖	As	Jugate heads of Numa Pompilius bearded, and Ancus Marcius, not bearded, r.; on l., [NV]MA POMPILI [AN]CVS[MARCI]. Line border.
219	L. Rubrius Dossenus Rome 87 B.C.	AR 3.480 18.0 ↗	D	Laureate head of Jupiter r. with sceptre over sholder; below, DO[SSEN]. Border of dots.
220	L. Rubrius Dossenus Rome 87 B.C.	AR 3.570 17.1 ↘	D	Similar, but below, DOSSEN.
221	L. Rubrius Dossenus Rome 87 B.C.	AR 3.545 17.5 ↖	D	Similar, but below, [DOSSEN].

Reverse	References	Inventory
Similar.	Craw. 345/1 Syd. 702	746
Similar.	Craw. 345/1 Syd. 702	747
Similar.	Craw. 345/1 Syd. 702	748
Victory crowning trophy r.; in exergue, CN·LENT. Border of dots.	Craw. 345/2 Syd. 703	552
Similar.	Craw. 345/2 Syd. 703	553
Similar.	Craw. 345/2 Syd. 703	749
Two ships crossing; behind, spiral column bearing statue of Victory; above, [C·C]EN[SO]. Border of dots. [RO]MA	Craw. 346/4a Syd. 715	4384
Triumphal quadriga decorated with thunderbolt r.; above, Victory with wreath; in exergue, L·RVBRI. Border of dots.	Craw. 348/1 Syd. 705	680
Similar.	Craw. 348/1 Syd. 705	681
Similar, but in exergue, [L]·RV[BRI].	Craw. 348/1 Syd. 705	689

No.	Symbol or moneyer Mint Date	Metal Weight Size Axis	Deno- mina- tion	Obverse
222	L. Rubrius Dossenus Rome 87 B.C.	AR 3.740 18.0 ↙	D	Bust of Minerva r., wearing Corinthian helmet and aegis; behind, [DO]S. Border of dots.
223	L. Rubrius Dossenus Rome 87 B.C.	AR 1.590 13.7 ↗	Q	Laureate head of Neptune r.; behind, trident, dividing DOSS[EN]. Border of dots.
224	L. Memmius L.f.Gal., C. Memmius L.f.Gal. Rome 87 B.C.	AR 3.870 18.4 ↖	D	Laureate head of Saturn l.; behind, harpa; below, [EX]·[SC]. Border of dots.
225	L. Memmius L.f.Gal.; C. Memmius L.f.Gal. Rome 87 B.C.	AR 3.670 19.1 →	D	Similar, but below, EX·S·C; before, ·Ↄ.
226	C. Gargonius, M. Vergilius, Ogulnius Rome 86 B.C.	AR 3.820 19.3 ↘	D	Head of Apollo r., wearing oak--wreath. Border of dots.
227	L. Iulius Bursio Rome 85 B.C.	AR 3.700 18.4 ↙	D	Male head r., wearing laurel-wreath, with side-wing; over l. shoulder, trident; behind, shield. Border of dots.
228	L. Iulius Bursio Rome 85 B.C.	AR 3.760 20.0 ↘	D	Male head r., wearing laurel-wreath, with side-wing; over l. shoulder, trident; behind, [symbol?]. Border of dots.
229	Mn. Fonteius C.f. Rome 85 B.C.	AR 3.500 20.1 ↓	D	Laureate head of Apollo r.; below, thunderbolt; behind, ꟿ·FONTEI·C·F; before, Ⱥ. Border of dots.
230	Mn. Fonteius C.f. Rome 85 B.C.	AR 3.670 20.0 ↘	D	Laureate head of Apollo r.; below, thunderbolt; behind, ꟿ·FONTEI; before, C·F. Border of dots.
231	Mn. Fonteius C.f. Rome 85 B.C.	AR 3.675 16.2 ↙	D	Laureate head of Apollo r.; below, thunderbolt. Border of dots.

[222] Coin perforated.
[230] Coin perforated.
[231] No legend of obverse.

Reverse	References	Inventory
Triumphal quadriga decorated with thunderbolt r.; above, Victory in biga; in exergue, L·[RVBRI]. Border of dots.	Craw. 348/3 Syd. 707	690
Victory standing r., holding wreath and palm-branch in l. hand and raising r. hand; before, garlanded altar with snake coiled round top; behind, L·RVB[RI]. Border of dots.	Craw. 348/3 Syd. 708	682
Venus in biga r., holding sceptre and reins; above, flying Cupid with wreath; in exergue, L·C·MEMIES·L·F GAL Border of dots.	Craw. 349/1 Syd. 712	632
Similar, but in exergue, L·C·MEMIE[S]·[L·F] [GAL]	Craw. 349/1 Syd. 712	3956
Jupiter in quadriga r., holding reins in l. hand and hurling thunderbolt with r. hand; below, VER; in exergue, GAR·OGVL . Border of dots.	Craw. 350A/1e Syd. 721d	721
Victory in quadriga r., holding reins in l. hand and wreath in r. hand; in exergue, L·IVLI·BVRSIO. Border of dots.	Craw. 352/1a Syd. 728	590
Victory in quadriga r., holding reins in l. hand and wreath in r. hand; in field, N; in exergue, L·IVLI·BVRSIO. Border of dots.	Craw. 352/1c Syd. 728e	591
Cupid on goat r.; above, pilei; in exergue, thyrsus with fillet; all within laurel-wreath. Border of dots.	Craw. 353/1a Syd. 724	575
Cupid on goat r.; above, pilei; in exergue, thyrsus with fillet; all within laurel-wreath. Border of dots.	Craw. 353/1c Syd. 724a	576
Cupid on goat r.; on either side, pilei; in exergue, thyrsus with fillet; all within laurel-wreath. Border of dots.	Craw. 352/2 Syd. 724b	577

No.	Symbol or moneyer Mint Date	Metal Weight Size Axis	Deno- mina- tion	Obverse
232	C. Licinius L.f. Macer Rome 84 B.C.	AR 3.140 20.1 ↙	D	Bust of Apollo l., diademed, seen from behind, with thunderbolt in r. hand. Border of dots.
233	C. Licinius L.f. Macer Rome 84 B.C.	AR 3.990 22.8 ↙	D	Similar.
234	C. Norbanus Rome 83 B.C.	AR 3.425 18.0 ↖	D	Head of Venus r., wearing diadem and necklace; behind, CXXXXV; below, C·NORB[ANVS]. Border of dots.
235	P. Crepusius Rome 82 B.C.	AR 3.690 17.0 ↓	D	Laureate head (?Apollo) r.; behind, sceptre and G. Border of dots.
236	C. Mamilius Limetanus Rome 82 B.C.	AR 3.160 19.0 ↘	D serr.	Bust of Mercury r., wearing winged petasus and with caduceus over shoulder; behind, A. Border of dots.
237	L. Marcius Censorinus Rome 82 B.C.	AR 4.030 17.5 ↗	D	Laureate head of Apollo r. Border of dots.
238	Q. Antonius Balbus Rome 83–82 B.C.	AR 3.950 19.7 ↙	D serr.	Laureate head of Jupiter r.; behind, S·C; before, B. Border of dots.
239	Q. Antonius Balbus Rome 83–82 B.C.	AR 3.770 19.0 ↙	D serr.	Similar, but before, C.
240	Q. Antonius Balbus Rome 83–82 B.C.	AR 3.550 19.6 ↙	D serr.	Similar, but before, R.
241	L. Cornelius L.f.P.n. Sulla Felix; L. Manlius L.f. Torquatus Moving with Sulla 82 B.C.	AR 3.845 17.0 ↗	D	Helmeted head of Roma r.; before, L·MANLI; behind, PROQ. Border of dots.

[233] Coin perforated.
[234] Reverse stamp shifted; no corn-ear.

Reverse	References	Inventory
Minerva in quadriga r., holding shield and reins in r. hand: in exergue, C·LICINIVS·L·F MACER Border of dots.	Craw. 354/1 Syd. 732	610
Similar, but in exergue, C·LICINIVS·[L]·[F] MACE[R]	Craw. 354/1 Syd. 732	611
Fasces with axe between corn-ear and caduceus. Border of dots.	Craw. 357/1b Syd. 739	644
Horseman galloping r., hurling spear; in exergue, P·CREPVSI; behind, CVIIII. Border of dots.	Craw. 361/1 Syd. 738a	556
Ulysses standing r., leaning on staff and extending r. hand to dog, Argus; on l., C·MAMIL; on r., LI[MEAN]. Border of dots.	Craw. 362/1 Syd. 741	769
The satyr, Marsyas, walking l., with r. arm raised and holding wine-skin on his shoulder; behind, column bearing statue of Victory; before, [L]·CENSOR. Border of dots.	Craw. 363/1d Syd. 737	627
Victory in quadriga r., holding reins and palm-branch in l. hand and wreath in r. hand; in exergue, Q·ATO·BAL B. Border of dots. PR	Craw. 364/1c Syd. 742a	486
Similar.	Craw. 364/1c Syd. 742a	487
Similar.	Craw. 364/1c Syd. 742a	488
Triumphator, crowned by flying Victory, in quadriga r., holding reins in l. hand and caduceus in r. hand; in exergue, L·SVLLA·IM. Border of dots.	Craw. 367/3 Syd. 759	620

No.	Symbol or moneyer Mint Date	Metal Weight Size Axis	Deno- mina- tion	Obverse
242	A. Postumius A.f.S.n. Albinus Rome 81 B.C.	AR 3.650 19.2 ↖	D serr.	Bust of Diana r., draped wearing necklace, with bow and quiver over shoulder; above, bucranium. Border of dots.
243	A. Postumius A.f.S.n. Albinus Rome 81 B.C.	AR 3.825 19.0 ↗	D serr.	Similar.
244	A. Postumius A.f.S.n. Albinus Rome 81 B.C.	AR 2.995 17.9 ↘	D serr.	Similar.
245	A. Postumius A.f.S.n. Albinus Rome 81 B.C.	AR 3.655 19.4 ↘	D serr.	Head of Hispania r., wearing veil; behind, HISPAN. Border of dots.
246	A. Postumius A.f.S.n. Albinus Rome 81 B.C.	AR 3.370 18.5 ↘	D serr.	Similar.
247	A. Postumius A.f.S.n. Albinus Rome 81 B.C.	AR 3.170 18.0 ↗	D serr.	Similar.
248	A. Postumius A.f.S.n. Albinus Rome 81 B.C.	AR 3.470 19.1 ↘	D serr.	Similar, but behind, [HIS]PAN.
249	Anonymous Uncertain 81 B.C.	AR 1.550 15.1 ↗	Q	Laureate head of Apollo r. Line border.
250	C. Marius C.f. Capito Rome 81 B.C.	AR 3.950 18.2 ↙	D serr.	Bust of Ceres r., draped; head bound with corn- wreath; around, CAPIT and CXI; below chin, sandal. Border of dots.
251	C. Marius C.f. Capito Rome 81 B.C.	AR 3.025 17.3 ↑	D serr.	Similar, but XXI; below chin, no symbol.

[247] Coin perforated.
[248] Coin perforated.

Reverse	References	Inventory
Rock on which stands lighted altar; on l. of altar, bull; on r. of altar, togate figure holding sprinkler over bull; around, A·POST·A·F·S·N·ALBIN. Border of dots.	Craw. 372/1 Syd. 745	670
Similar.	Craw. 372/1 Syd. 745	742
Similar, but around, [A·POST]·A·F·S·N·ALBIN.	Craw. 372/1 Syd. 745	745
Togate figure with r. hand raised, standing between legionary eagle and fasces with axe; around, A·POST·A·F·S·N·ALBIN. Border of dots.	Craw. 372/2 Syd. 746	755
Similar, but arounde, [A·POST]·[A·F]·S·N·ALBIN.	Craw. 372/2 Syd. 746	756
Similar, but arounde, [A·POST]·[A·F·S]·N·ALBIN.	Craw. 372/2 Syd. 746	757
Similar, but arounde, [A·PO]ST·A·F·S·N·ALBIN.	Craw. 372/2 Syd. 746	3960
Victory standing r. crowning trophy; between Victory and trophy, E; in exergue, ROMA. Line border.	Craw. 373/1b Syd. 609a	782
Ploughman, holding staff, with yoke of oxen l.; above, CXI; in exergue, C·MARI·C·F Border of dots. S·C.	Craw. 378/1c Syd. 744b	629
Similar, but above, XXI; in exergue, [C]MARI[C·F]. [S·C]	Craw. 378/1c Syd. 744b	630

No.	Symbol or moneyer Mint Date	Metal Weight Size Axis	Deno- mina- tion	Obverse
252	L. Procilius Rome 80 B.C.	AR 4.430 18.7 ↘	D	Laureate head of Jupiter r.; behind, S·C. Border of dots.
253	L. Procilius Rome 80 B.C.	AR 3.840 18.3 ↘	D	Similar.
254	L. Procilius Rome 80 B.C.	AR 3.580 17.4 ↙	D	Similar.
255	L. Procilius Rome 80 B.C.	AR 3.950 18.1 ↙	D	Similar.
256	L. Procilius Rome 80 B.C.	AR 3.940 20.2 ↙	D serr.	Head of Juno Sospita r., wearing goat-skin; behind, S·C. Border of dots.
257	C. Naevius Balbus Rome 79 B.C.	AR 3.850 18.6 ↖	D	Head of Venus r., wearing diadem and necklace; behind, S·C; before, [letter?]. Border of dots.
258	Ti. Claudius Nero Rome 79 B.C.	AR 3.720 18.7 ↙	D serr.	Bust of Diana r., wearing diadem and draped, with bow and quiver over shoulder; before, S·C. Border of dots.
259	Ti. Claudius Nero Rome 79 B.C.	AR 3.750 20.0 ↙	D serr.	Similar.
260	L. Papius Rome 79 B.C.	AR 3.745 18.7 ↘	D serr.	Head of Juno Sospita r., wearing goat-skin; behind, whelk-shell. Bead and reel border.
261	L. Papius Rome 79 B.C.	AR 3.735 19.8 ↙	D serr.	Similar, but behind, jug.
262	L. Papius Rome 79 B.C.	AR 3.365 18.6 ↓	D serr.	Similar, but behind, beetroot.

Reverse	References	Inventory
Juno Sospita standing r., holding shield in l. hand and hurling spear with r. hand; she wears goat-skin head-dres; before, snake; behind, L·PROCILI F Border of dots.	Craw. 379/1 Syd. 771	670
Similar.	Craw. 379/1 Syd. 771	677
Similar, but behind [F].	Craw. 379/1 Syd. 771	678
Similar, but behind, L·PROCIL[I]. [F]	Craw. 379/1 Syd. 771	3957
Juno Sospita in biga r., holding shield in l. hand and hurling spear with r. hand; below, snake; in exergue, L·PROCILI·F. Border of dots.	Craw. 379/2 Syd. 772	679
Victory in triga r., holding reins in both hands; in exergue, C·NÆ·BA[B] Border of dots.	Craw. 382/1a Syd. 769	642
Victory in biga r., holding palm-branch and reins in l. hand and wreath in r. hand; below, A XXXX; in exergue, TI·CL[AD·TI·F] · [Æ ·N] Border of dots.	Craw. 383/1 Syd. 770a	641
Similar, but below, A XXX.	Craw. 383/1 Syd. 770a	774
Gryphon pracing r.; below, scallop-shell; in exergue, L·PAPI. Bead and reel border.	Craw. 384/1 Syd. 773	645
Similar, but below, feather.	Craw. 384/1 Syd. 773	646
Similar, but below, carrot.	Craw. 384/1 Syd. 773	647

No.	Symbol or moneyer Mint Date	Metal Weight Size Axis	Deno- mina- tion	Obverse
263	M. Volteius M.f. Rome 78 B.C.	AR 3.720 18.2 ↖	D	Head of Liber r., wearing ivy-wreath. Border of dots.
264	L. Rutilius Flaccus Rome 77 B.C.	AR 3.430 18.2 ←	D	Helmeted head of Roma r., wearing earing and necklace; behind, FLAC. Border of dots.
265	L. Rutilius Flaccus Rome 77 B.C.	AR 3.930 18.3 ↙	D	Similar.
266	L. Lucretius Trio Rome 76 B.C.	AR 3.820 17.3 ↑	D	Radiate head of Sol r. Border of dots
267	L. Lucretius Trio Rome 76 B.C.	AR 3.800 20.0 ↙	D	Similar.
268	L. Lucretius Trio Rome 76 B.C.	AR 3.330 18.4 ↘	D	Laureate head of Neptune r. with trident over shoulder; behind, XXXII. Border of dots.
269	L. Farsuleius Mensor Rome 75 B.C.	AR 3.770 18.0 ↓	D	Bust of Libertas r., draped, wearing diadem and necklace; behind, pileus and [S·C]; before, MENSOR. Bead and reel border.
270	Cn. Cornelius P.f. Lentulus Marcellinus Mint – perhaps Spain 76–75 B.C.	AR 3.370 18.5 ↓	D	Male bust r. Genius Populi Romani, draped, hair tied with band, and with sceptre over shoulder; above, G·P·R. Border of dots.
271	Cn. Cornelius P.f. Lentulus Marcellinus Mint – perhaps Spain 76–75 B.C.	AR 3.890 19.5 ↓	D	Similar.
272	C. Postumius Rome 74 B.C.	AR 3.680 19.1 ↗	D	Bust of Diana r., draped, with hair tied into knot; bow and quiver over shoulder. Border of dots.

[264] Coin perforated.
[269] No S.C. on obverse.

Reverse	References	Inventory
Ceres in chariot r., drawn by two serpents, holding lighted torch in each hand; behind, rudder; in exergue, M VOLTEI·M·[F]. Border of dots.	Craw. 385/3 Syd. 776	735
Victory in biga r., holding reins in l. hand and wreath in r. hand; in exergue, L·RVTILI. Border of dots.	Craw. 387/1 Syd. 780	683
Similar.	Craw. 387/1 Syd. 780	684
Crescent surrounded by seven stars; above crescent, TRIO; below crescent, L·LVCRETI. Border of dots.	Craw. 390/1 Syd. 783	608
Similar, but [L·LV]CRET[I].	Craw. 390/1 Syd. 783	609
Winged boy on dolphin riding r.; below, L·LVCRETI. TRIO Border of dots.	Craw. 390/2 Syd. 784	607
Warrior holding spear and reining in biga r. with l. hand; with r. hand he assists togate figure into biga; below, LXV; in exergue, L·FARSVLEI. Border of dots.	Craw. 392/1b Syd. 789	3955
Globe between rudder and sceptre with wreath and fillet; on l., EX; on r., S·C; below, CN·LEN·Q. Border of dots.	Craw. 393/1a Syd. 752	554
Similar.	Craw. 393/1a Syd. 752	555
Hound running r.; below, spear; in exergue, C·POSTVMI. Ā Border of dots.	Craw. 394/1a Syd. 785	672

No.	Symbol or moneyer Mint Date	Metal Weight Size Axis	Deno- mina- tion	Obverse
273	C. Postumius Rome 74 B.C.	AR 3.720 19.1 ↘	D	Similar.
274	C. Postumius Rome 74 B.C.	AR 3.850 18.3 ↓	D	Bust of Diana r., draped, with hair tied into knot; bow and quiver over shoulder. Border of dots.
275	C. Postumius Rome 74 B.C.	AR 2.920 19.0 ↙	D	Similar.
276	Q. Fufius Q.f.C.n. Calenus; P. Mucius Scaevola Cordus Rome 70 B.C.	AR 3.010 19.4 ↓	D serr.	Jugate heads of Honos and Virtus r.; on l., [HO]; on r., VIR; below, [KA]L[ENI]. Border of dots.
277	M. Plaetorius M.f. Cestianus Rome 69 B.C.	AR 3.570 18.1 ↘	D	Young male head r., with flowing hair; behind, P. Border of dots.
278	M. Plaetorius M.f. Cestianus Rome 69 B.C.	AR 3.000 19.0 ←	D	Similar, but behind, club.
279	M. Plaetorius M.f. Cestianus Rome 67 B.C.	AR 3.770 19.2 ↓	D	Head of Cybele r., wearing turreted crown; behind shoulder, forepart of lion; before, globe; behind, CESTIANVS. Bead and reel border.
280	L. Cassius Longinus Rome 63 B.C.	AR 3.450 20.3 ↘	D	Head of Vesta l., wearing veil and diadem; behind, dish; below chin, A. Border of dots.
281	L. Furius Cn.f. Brocchus Rome 63 B.C.	AR 3.520 18.6 ↓	D	Head of Ceres r., wearing corn-wreath; on l. corn-ear; on r., barrley-grain; on either side, III VIR; below, BROCCHI. Border of dots.
282	L. Aemilius M.f.Q.n. Lepidus Paullus Rome 62 B.C.	AR 3.450 18.0 ↘	D	Head of Concordia r., wearing veil and diadem; on l., PAV[LLVS· ·LEPIDVS]; on r., CONCORDIA. Border of dots.
283	L. Scribonius Libo Rome 62 B.C.	AR 3.730 20.6 ↙	D	Head of Bonus Eventus r.; behind, LIBO; before, BON·EVENT. Border of dots.

Reverse	References	Inventory
Similar.	Craw. 394/1a Syd. 785	674
Hound running r.; below, spear; in exergue, C·POSTVMI. Border of dots.	Craw. 394/1b Syd. 785a	673
Similar.	Craw. 394/1b Syd. 785a	675
Italia standing l. and Roma standing r. clasping hands; between clasped hands, cornucopiae; behind Italia, caduceus; Roma wears diadem, holds fasces in l. hand and places r. foot on globe; on l., IA; on r., RO; in exergue, CORDI. Border of dots.	Craw. 403/1 Syd. 797	766
Winged caduceus; on r., [M]·PLAETORI; on l., CEST·EX·S·C. Border of dots.	Craw. 405/5 Syd. 807	658
Similar, but on r., M·PLAETORI.	Craw. 405/5 Syd. 807	659
Curule chair; on l., staff with double hook, around, M·PLAETORIVS·AED·CVR·EX·S·C. Bead and reel border.	Craw. 409/2 Syd. 808	654
Voter standing l., dropping tablet marked V into a cista; on r., LONGIN·III·V. Border of dots.	Craw. 413/1 Syd. 935	541
Curule chair between fasces with axes; above, L·FVRI CN·F Border of dots.	Craw. 414/1 Syd. 902	584
Trophy; on r., togate figure L. Aemilius Paullus; on l., three captives, King Perseus of Macedon and his sons; above, TER; in exergue, [PA]VLLVS. Border of dots.	Craw. 415/1 Syd. 926	494
Puteal Scribonianum, decorated with garland and two lyres; at base, hammer; above, PVTEAL; below, SCRIBON. Border of dots.	Craw. 416/1a Syd. 928	693

No.	Symbol or moneyer Mint Date	Metal Weight Size Axis	Deno- mina- tion	Obverse
284	L. Scribonius Libo Rome 62 B.C.	AR 3.445 19.4 ↙	D	Similar.
285	L. Scribonius Libo Rome 62 B.C.	AR 3.700 18.2 ↙	D	Head of Bonus Eventus r.; behind, LIBO; before, BON·EVENT. Border of dots.
286	L. Scribonius Libo Rome 62 B.C.	AR 3.480 20.7 ↙	D	Similar.
287	M. Nonius Sufenas Rome 59 B.C.	AR 3.905 19.0 ↓	D	Head of Saturn r.; behind, harpa and conical object; behind, S·C; before, SVFENAS. Border of dots.
288	M. Aemilius Scaurus, P. Plautius Hypsaeus Rome 58 B.C.	AR 3.455 18.0 ↘	D	Camel r.; before, kneeling figure, holding reins in l. hand and olive-branch tied with fillet in r. hand; above, M·[S] CAVR;at sides, EX AED·CVR S·[C]; below, REX[ARETAS]. Border of dots.
289	M. Aemilius Scaurus, P. Plautius Hypsaeus Rome 58 B.C.	AR 3.510 17.5 ↖	D	Similar, but above, [M]·[SCAVR] [AED·CVR]; below, REX·ARETAS.
290	C. Servilius C.f. Rome 57 B.C.	AR 3.680 20.0 →	D	Head of Flora r., with wreath of flowers; behind, lituus; before, FLORAL·PRIMVS. Border of dots.
291	L. Marcius L.f.L.n. Philippus Rome 56 B.C.	AR 2.800 17.0 ↖	D	Head of Ancus Marcius r., wearing diadem; behind, lituus; below, ANCVS. Border of dots.
292	L. Marcius L.f.L.n. Philippus Rome 56 B.C.	AR 4.095 18.9 ↓	D	Similar.
293	L. Marcius L.f.L.n. Philippus Rome 56 B.C.	AR 3.090 17.3 ↑	D	Similar.

[288] Coin perforated.

[289] Obverse and reverse stamp shifted. Part of inscription effaced.

Reverse	References	Inventory
Similar.	Craw. 416/1a Syd. 928	694
Puteal Scribonianum, decorated with garland and two lyres; at base tongs; above, PVTEAL; below, SCRIBON. Border of dots.	Craw. 416/1b Syd. 928	687
Similar.	Craw. 416/1b Syd. 928	692
Roma seated l., on pile of armour, holding sceptre and sword; behind, Victory, hoding palm-branch and crowning Roma; around, PR·L·[V]·[P]·F; in exergue, SEX·NONI. Border of dots.	Craw. 421/1 Syd. 885	643
Jupiter in quadriga l., holding reins and hurling thunderbolt; below horses, scorpion; above, P·HVPSAEV AED·CVR; below, C·HVPS[SAE · COS] PREIVE; on r., CA[PTV]. Border of dots.	Craw. 422/1b Syd. 923	758
Similar but below, [C·HVPSAE·COS] PREIVE; on r., [CAPTV].	Craw. 422/1b Syd. 923	760
Two soldiers standing facing each other, armed with shields and presenting swords; in exergue, C·SERЕIL; on r., C·F. Border of dots.	Craw. 423/1 Syd. 890	699
Aqueduct, on which stands equestrian statue; at horse's feet, flower; within arches of aquedcut, AQVAMRC; on l., PHILIPPVS. Border of dots.	Craw. 425/1 Syd. 919a	628
Similar.	Craw. 425/1 Syd. 919a	636
Similar, but AQVAMR [C].	Craw. 425/1 Syd. 919a	637

No.	Symbol or moneyer Mint Date	Metal Weight Size Axis	Deno- mina- tion	Obverse
294	L. Marcius L.f.L.n. Philippus Rome 56 B.C.	AR 3.265 18.8 ↘	D	Similar, but below, A[NCVS].
295	P. Fonteius P.f. Capito Rome 55 B.C.	AR 3.195 17.4 ↙	D	Bust of Mars r., draped and wearing helmet, with trophy over shoulder; around, [P]·[F]ONTEIVS·P·F·C[A-PITO·III·VIR]. Border of dots.
296	A. Plautius Rome 55 B.C.	AR 3.900 17.6 ↘	D	Head of Cybele r., turreted; before, A·PLAV[TIVS]; behind, AED·C[VR] [S·C]. Border of dots.
297	Cn. Plancius Rome 55 B.C.	AR 3.305 17.1 ↖	D	Female head r., wearing causia; before, CN·PLA[VTIVS]; behind, AED·CVR·[S·C]. Border of dots.
298	M. Iunius Brutus Rome 54 B.C.	AR 2.970 19.3 ↗	D	Head of Libertas r.; behind, LIBERTAS. Border of dots.
299	M. Iunius Brutus Rome 54 B.C.	AR 3.320 19.2 ↘	D	Similar.
300	M. Iunius Brutus Rome 54 B.C.	AR 3.420 18.3 ↗	D	Head of L. Iunius Brutus, Cos. 509, r.; behind, BRV[TVS]. Border of dots.
301	Q. Pompeius Rufus Rome 54 B.C.	AR 3.170 16.6 ↗	D	Curule chair; on l., arrow; on r., laurel-branch; above, [Q·POMPEI·Q·F] RVFVS below on tablet, [COS].Border of dots.
302	Mn. Acilius Glabrio Rome 49 B.C.	AR 3.450 18.0 ↑	D	Laureate head of Salus r.; behind, SALVTIS. Border of dots.
303	Mn. Acilius Glabrio Rome 49 B.C.	AR 3.580 18.7 ↓	D	Similar.

[295] Coin perforated.
[298] Coin perforated; part of border torn off.
[299] Coin perforated.
[300] Coin perforated.
[302] On obverse punch mark in shape of ⊙ .
[303] On obverse punch mark in shape of ʊ .

Reverse	References	Inventory
Similar, but [A]QVA[MRC]; on l., [PHILI]PPVS.	Craw. 425/1 Syd. 919a	3999
Soldier on horseback r., thrusting spear at warrior below – warrior is about to drive sword through unarmed captive; on r., helmet and shield; above, M·FONT·TR·MIL. Border of dots.	Craw. 429/1 Syd. 900	578
Camel r., beside, kneeling figure holding reins and olive-branch; in exergue, BACCHIVS; before, IVDAEVS. Border of dots.	Craw. 431/1 Syd. 932	656
Cretan goat standing r.; behind, bow and quiver. Border of dots.	Craw. 432/1 Syd. 933	655
L. Iunius Brutus, Cos. 509, walking l., between two lictors and preceded by an accensus; in exergue, BRVTVS. Border of dots.	Craw. 433/1 Syd. 906	600
Similar.	Craw. 433/1 Syd. 906	3984
Head of C. Servilius Ahala, Mag. Eq. 439, r.; behind, AHALA. Border of dots.	Craw. 433/2 Syd. 907	599
Curule chair; on l., lituus; on r., wreath; above, [SV]LLA·COS; below on tablet, [Q·POMPEI·RVF]. Border of dots.	Craw. 434/2 Syd. 909	660
Valetudo standing l., resting l. arm on column and holding snake in r. hand; on r., M·ACILIVS; on l.,[III·VIR]VALEV . Border of dots.	Craw. 442/1a Syd. 922	491
Similar, but on l., III·VIR·VALEV.	Craw. 442/1a Syd. 922	492

No.	Symbol or moneyer Mint Date	Metal Weight Size Axis	Deno- mina- tion	Obverse
304	Mn. Acilius Glabrio Rome 49 B.C.	AR 3.390 19.6 ↓	D	Similar.
305	Mn. Acilius Glabrio Rome 49 B.C.	AR 3.800 19.2 ↙	D	Similar.
306	C. Iulius C.f.C.n. Caesar Moving with Caesar 49–48 B.C.	AR 3.295 18.0 ↗	D	Pontifical attributes – culullus, aspergillum, axe and apex. Border of dots.
307	L. Hostilius Saserna Rome 48 B.C.	AR 3.845 19.1 ↙	D	Female head r., with long hair; behind, carnyx. Border of dots.
308	C. Vibius C.f.C.n. Pansa Caetronianus Rome 48 B.C.	AR 3.970 18.3 ↘	D	Mask of bearded Pan r.; below, PANS[A]. Border of dots.
309	C. Vibius C.f.C.n. Pansa Caetronianus Rome 48 B.C.	AR 3.920 18.0 ↖	D	Similar, but below, [PANSA].
310	C. Vibius C.f.C.n. Pansa Caetronianus Rome 48 B.C.	AR 3.420 17.1 ↙	D	Similar.
311	C. Vibius C.f.C.n. Pansa Caetronianus Rome 48 B.C.	AR 3.770 20.4 ↓	D	Head of Liber r., wearing ivy-wreath; behind, PANSA. Border of dots.
312	D. Iunius Brutus Albinus Rome 48 B.C.	AR 3.570 18.2 ↙	D	Head of Pietas r.; behind, PIETAS. Border of dots.
313	D. Iunius Brutus Albinus Rome 48 B.C.	AR 3.815 19.2 ↘	D	Similar.
314	C. Iulius C.f.C.n. Caesar Africa 47–46 B.C.	AR 2.870 17.1 ↑	D	Head of Venus r., wearing diadem. Border of dots.

[314] Coin perforated.

Reverse	References	Inventory
Similar, but on l., III·VIR·VALEV.	Craw. 442/1a Syd. 922	493
Similar.	Craw. 442/1a Syd. 922	513
Elephant r., trampling dragon; in exergue, CAESAR. Border of dots.	Craw. 443/1 Syd. 1006	3964
Artemis facing, holding spear in l. hand and placing r. hand on head of stag; on r., L·HOSTILIVS; on l., [SASERNA]. Border of dots.	Craw. 448/3 Syd. 953	4109
Jupiter seated l., laureate, holding patera and sceptre; on r., C·VIBIVS·C·F·C·N; on l., IOVIS AXVR. Border of dots.	Craw. 449/1a Syd. 947	733
Similar, but on l., [IOV]IS.	Craw 449/1a Syd. 947	734
Similar.	Craw. 449/1a Syd. 947	4230
Ceres walking r., holding torch in each hand; before, plough; on l., C·VIBIVS·C·F·N. Border of dots.	Craw. 449/2 Syd. 946	732
Two hands clasped round caduceus; below, ALBINV[S]·[BRV]TI·F. Border of dots.	Craw. 450/2 Syd. 942	598
Similar, but below, ALBINVS·BRVTI·F.	Craw. 450/2 Syd. 942	764
Aeneas walking l., holding palladium in r. hand and bearing Anchises on l. shoulder; on r., [C]AESAR. Border of dots.	Craw. 458/1 Syd. 1013	592

No.	Symbol or moneyer Mint Date	Metal Weight Size Axis	Deno- mina- tion	Obverse
315	Iulius C.f.C.n. Caesar Africa 47–46 B.C.	AR 2.285 17.4 ↙	D	Similar.
316	Q. Caecilius Q.f.Q.n. Metellus Pius Scipio Nasica; Eppius Africa 47–46 B.C.	AR 2.720 17.1 ↖	D	Head of Africa r., laureate and wearing elephant's skin; on r., corn-ear; below, plough; on far r., Q·METELL; on l., SCIPIO·IMP. Border of dots.
317	M. Porcius Cato (Uticensis) Africa 47–46 B.C.	AR 1.820 14.2 ↖	Q	Head of Liber r., wearing ivy-wreath; below, M·CĀO·PRO·PR. Border of dots.
318	Mn. Cordius Rufus Rome 46 B.C.	AR 3.300 17.0 ↙	D	Jugate heads of Dioscuri r., wearing laureate pilei; around, RVFVS·IIIVIR. Border of dots.
319	Mn. Cordius Rufus Rome 46 B.C.	AR 3.125 17.6 ↙	D	Similar.
320	Mn. Cordius Rufus Rome 46 B.C.	AR 3.580 19.4 ↘	D	Jugate heads of Dioscuri r., wearing pilei decorated with fillet; around, RVFVS·I[IIVI]R. Border of dots.
321	Mn. Cordius Rufus Rome 46 B.C.	AR 3.350 19.2 →	D	Similar, but around, RVFVS·IIIVIR.
322	T. Carisius Rome 46 B.C.	AR 3.335 17.5 →	D	Bust of Victory r. Border of dots.
323	C. Considius Paetus Rome 46 B.C.	AR 3.195 18.7 ↓	D	Laureate head of Apollo r. Border of dots.

[315] Coin with trace of perforating.
[318] On reverse punch mark in shape of Ʊ.
[319] Reverse mechanically damaged.
[320] Reverse stamp shifted; no head of Venus.
[322] Reverse stamp shifted, horses without heads.

Reverse	References	Inventory
Similar, but on r., CAESAR.	Craw. 458/1 Syd. 1013	593
Hercules standing facing, with r. hand on hip and resting l. arm on club draped with lion's skin; on r., EPPIVS; on l., LEG·F·C. Border of dots.	Craw. 461/1 Syd. 1051	579
Victory seated r., holding patera in r. hand and palm-branch in l. hand, over l. shoulder; in exergue, VICTRIX. Border of dots.	Craw. 462/2 Syd. 1054	668
Venus standing l., holding scales in r. hand and sceptre in l. hand, with Cupid perched on shoulder; behind, ꟿ·CORDIVS. Border of dots.	Craw. 463/1a Syd. 976	527
Similar.	Craw. 463/1a Syd. 976	528
Venus standing l., holding scales in r. hand and sceptre in l. hand, with Cupid perched on shoulder; behind, [ꟿ]·CORDI. Border of dots.	Craw. 463/1b Syd. 976c	529
Similar, but behind, ꟿ·CORDI.	Craw. 463/1b Syd. 976c	546
Victory in biga r., holding reins and wreath; in exergue, T·CARI[SI]. Border of dots.	Craw. 464/4 Syd. 986	533
Curule chair, garlanded, on which lies wreath; above, [C]·[CO]N-SIDIVS; in exergue, PAETVS. Border of dots.	Craw. 465/1b Syd. 990a	540

No.	Symbol or moneyer Mint Date	Metal Weight Size Axis	Deno- mina- tion	Obverse
324	C. Iulius C.f.C.n. Caesar Uncertain 46 B.C.	AR 3.810 18.0 ↑	D	Head of Ceres r., wearing corn--wreath; behind, COS·TERT; before, [D]ICT·ITER. Border of dots.
325	C. Clovius Uncertain 46 B.C.	AE 13.220 22.2 ↑	Bronze	Bust of Victory r., draped; before, CAESAR·DIC·TER; behind, star. Border of dots.
326	C. Clovius Uncertain 45 B.C.	AE 11.220 28.4 ↑	Bronze	Similar.
327	Sextus Pompeius Magnus Pius Spain and Sicily 45 B.C. onwards	AE 15.130 29.2 ↑	As	Laureate head of Janus, with feature of Cn. Pompeius Magnus; above, ΛΛGNV.
328	Sextus Pompeius Magnus Pius Spain and Sicily 45 B.C. onwards	AE 23.450 28.4 ↖	As	Laureate head of Janus, with feature of Cn. Pompeius Magnus; above, ΛΛGN.
329	M. Mettius Rome 44 B.C.	AR 2.370 19.0 ↗	D	Head of Caesar r., wearing laureal wreath; before, CAESAR; behind, IMPER. Border of dots.
330	P. Sepullius Macer Roma 44 B.C.	AR 3.310 18.9 ↘	D	Head of Caesar r., wearing laureal wreath; behind, star; before, CAESAR·IMP. Border of dots.
331	Q. Nasidius Moving with Sex. Pompeius 44–43 B.C.	AR 3.900 19.0 ↑	D	Head of Cn. Pompeius Magnus r.; before, trident; below, dolphin; behind, NEPTVNI. Border of dots.
332	M. Antonius M.f.M.n. Galia Transalpina and Cisalpina 43–42 B.C.	AR 1.540 12.0 ←	Q	Lituus, jug and raven; above, M·AT·I[MP]. Border of dots.
333	M. Antonius M.f.M.n. Galia Transalpina and Cisalpina 43–42 B.C.	AR 1.155 12.4 ↘	Q	Bust of Victory r.; around, [ΠΠ]·VIR·R·P·C. Border of dots.
334	P. Clodius M.f. Rome 42 B.C.	AR 3.680 18.9 ↖	D	Laureate head of Apollo r.; behind, lyre. Border of dots.

Reverse	References	Inventory
Culullus, aspergillum, jug and lituus; above, AVGVR; below, [PO]NT·MAX; on r., D. Border of dots.	Craw. 467/1a Syd. 1023	3958
Minerva walking l., holding trophy over r. shoulder and l. hand holding spear and shield, decorated with gorgoneion, and from which hang streamers; before, snake; on l., C·CLOVI; on r., PRAEF. Border of dots.	Craw. 476/1b Syd. 1026	4034
Similar.	Craw. 476/1b Syd. 1026	4129
Prow r., above, PIVS; below, IMP.	Craw. 479/1 Syd. 1044b	465
Prow r.		460
Venus standing l., holding Victory and sceptre; her l. arm rests on shield placed on globe; behind, M·METTIVS; before, C. Border of dots.	Craw. 480/17 Syd. 1055	594
Venus standing l., holding Victory in r. hand and sceptre in l. hand; behind, [P]·[SE]PVLL[IVS]; before, MA[CER]. Border of dots.	Craw. 480/5a Syd. 1071	595
Ship sailing r.; above, star; below, Q·NASIDIVS. Border of dots.	Craw. 483/2 Syd. 1350	3963
Victory standing r., crowning trophy. Border of dots.	Craw. 489/4 Syd. 1159	511
Lion walking r.; above, ANTONI; below, IMP.; on r., XLI; on l., A. Border of dots.	Craw. 489/6 Syd. 1163	510
Diana standing front, with bow and quiver over shoulder, holding lighted torch in each hand; on r.; P·CLODIVS; on l., M·F. Border of dots.	Craw. 494/23 Syd. 1117	530

No.	Symbol or moneyer Mint Date	Metal Weight Size Axis	Deno- mina- tion	Obverse
335	P. Clodius M.f. Rome 42 B.C.	AR 2.670 18.0 ↙	D	Similar.
336	L. Livineius Regulus Rome 42 B.C.	AR 3.900 19.0 ↘	D	Head of L. Regulus, Pr., r.; behind, REGVLVS; before, PR. Border of dots.
337	L. Livineius Regulus Rome 42 B.C.	AR 3.320 19.0 ↘	D	Head of L. Regulus, Pr., r. Border of dots.
338	C. Vibius Varus Rome 42 B.C.	AR 2.950 18.0 ↙	D	Head of M. Antonius r., bearded. Border of dots.
339	C. Vibius Varus Rome 42 B.C.	AR 3.625 17.7 ↖	D	Head of Liber r., wearing ivy-wreath. Border of dots.
340	L. Mussidius T.f. Longus Rome 42 B.C.	AR 4.000 17.0 ↖	D	Head of Concordia r., wearing veil and diadem; behind, CONCORDIA. Border of dots.
341	M. Antonius M.f.M.n. Moving with M. Antonius 42 B.C.	AR 3.455 18.0 ↖	D	Head of M. Antonius r., bearded; behind, M·ANTO[NI]; before, IMP. Border of dots.
342	M. Antonius M.f.M.n. Moving with M. Antonius 42 B.C.	AR 3.550 18.0 ↙	D	Similar, but behind, M·ANTONI.
343	C. Iulius C.f.C.n. Caesar Octavianus Moving with Octavianus 42 B.C.	AR 2.690 17.3 ↑	D	Head of Octavianus r., bearded; around, CAESAR·III·VIR·[R·P]·C. Border of dots.
344	C. Cassius Longinus, L. Cornelius Lentulus Spinther Moving with Brutus and Cassius 43–42 B.C.	AR 2.675 19.7 ↘	D	Head of Libertas r., wearing diadem; before, LEIBERTAS; behind, C·CASSI·IMP. Border of dots.

[335] Coin damaged.

[341] On obverse punch mark in shape of ⊏.

Reverse	References	Inventory
Similar.	Craw. 494/23 Syd. 1117	740
Curule chair; on either side, tree fasces; above, L·LIVINEIV[S]; in exergue, REGVLVS. Border of dots.	Craw. 494/27 Syd. 1109	612
Combat with wild beasts; in exergue, L·REGVLVS. Border of dots.	Craw. 494/30 Syd. 1112	613
Fortuna standing l., holding Victory in r. hand and cornucopiae in l. hand; behind, C·VIBIVS; before, V[ARVS]. Border of dots.	Craw. 494/32 Syd. 1144	495
Panther springing l. towards altar, on which is thyrsus and mask; in exergue, C·VIBIVS; on r., VARVS. Border of dots.	Craw. 494/36 Syd. 1138	744
Shrine of Venus Cloacina, inscribed CLOACIN; above, L·MVSSIDIVS·LONGVS. Border of dots.	Craw. 494/42a Syd. 1093	773
Fasade of distyle temple; within, medalion bearing radiate bust of Sol facing, draped; around, III·[VIR]·R·P·C. Border of dots.	Craw. 496/1 Syd. 1168	496
Similar, but arounde, [III]·[VIR]·R·P·C.	Craw. 496/1 Syd. 1168	497
Curule chair, of which front and back legs are decorated with sculptured eagles and on which lies wreath, inscribed CÆSAR·DIC·PERP. Border of dots.	Craw. 497/2a Syd. 1322	797
Jug and lituus; below, LENLENTVLVS. Border of dots. SPINT	Craw. 500/3 Syd. 1307	3996

No.	Symbol or moneyer Mint Date	Metal Weight Size Axis	Deno- mina- tion	Obverse
345	M. Antonius M.f.M.n.; M. Barbatius Pollio Moving with M. Antonius 41 B.C.	AR 3.370 19.4 ←	D	Head of M. Antonius r.; around, M·ANT·[IMP]·[AVG·III·VIR·R·P·C]·M·BARBAT·Q·P. Border of dots.
346	M. Antonius M.f.M.n.; M. Barbatius Pollio Moving with M. Antonius 41 B.C.	AR 3.030 19.4 ↗	D	Similar, but around, M·ANT·[IMP]·AVG·[III]·V[IR]·[R·P·C·M]·BARBAT·[Q·P].
347	M. Antonius M.f.M.n.; C. Iulius C.f.C.n. Caesar Moving with Octavianus 39 B.C.	AR 1.780 14.2 ↙	Q	Head of Concordia r., wearing diadem and veil; around, III·VIR·R·P·C. Border of dots.
348	M. Antonius M.f.M.n. C. Iulius C.f.C.n. Caesar Moving with Octavianus 39 B.C.	AR 1.550 13.8 ↙	Q	Similar.
349	C. Iulius C.f.C.n. Caesar Moving with Octavianus 37 B.C.	AR 3.890 18.0 ↘	D	Head of Octavianus r., bearded; around, IMP·CAESAR·DIVI·F·[III]·[VIR·ITRE]·R·P·C. Border of dots.
350	M. Antonius M.f.M.n. Moving with M. Antonius 33 B.C.	AR 3.420 17.0 ↘	D	Head of M. Antonius r.; around, A[NTO]N·AVG·IGP·III·COS·DES·III·[III·V·R·P·C]. Border of dots.
351	M. Antonius M.f.M.n. Moving with M. Antonius 32–31 B.C.	AR 3.610 15.7 ↓	D	Ship r., with sceptre on prow; above, [ANT]·AVG; below, III·VIR·R·P·C. Border of dots.
352	M. Antonius M.f.M.n. Moving with M. Antonius 32–31 B.C.	AR 3.210 16.6 ↓	D	Similar, but above, ANT·AVG.
353	M. Antonius M.f.M.n. Moving with M. Antonius 32–31 B.C.	AR 3.190 15.0 ↓	D	Similar.
354	M. Antonius M.f.M.n. Moving with M. Antonius 32–31 B.C.	AR 2.950 18.0 ↘	D	Similar, but above, [ANT]·[AVG].

354 Nummus subaeratus.

Reverse	References	Inventory
Head of Octavianus r., bearded; around, CAESAR·IMP·PONT·III·VIR·R·P·C. Border of dots.	Craw. 517/2 Syd. 1181	779
Similar, but around, CAESAR·IMP·PONT·IIIVIR·R·P·C.	Craw. 517/2 Syd. 1181	798
Two hands clasped round caduceus; around, M·ANTON·C·CAESAR. Border of dots.	Craw. 529/4b Syd. 1195	498
Similar.	Craw. 529/4b Syd. 1195	4018
Simpulum, aspergillum, jug and lituus; above, COS·ITER·ET·TER·DESIG. Border of dots.	Craw. 538/1 Syd. 1334	787
ANTONIV[S] AVG·IMP·III. Border of dots.	Craw. 542/2 Syd. 1209	499
Aquila between two standards; below, LEG II. Border of dots.	Craw. 544/14 Syd. 1216	501
Similar.	Craw. 544/14 Syd. 1216	509
Similar, but below, LEG III.	Craw. 544/15 Syd. 1217	500
Similar.	Craw. 544/15 Syd. 1217	502

No.	Symbol or moneyer Mint Date	Metal Weight Size Axis	Deno- mina- tion	Obverse
355	M. Antonius M.f.M.n. Moving with M. Antonius 32–31 B.C.	AR 2.490 17.3 ↙	D	Similar, but above, ANT·AVG.
356	M. Antonius M.f.M.n. Moving with M. Antonius 32–31 B.C.	AR 3.200 17.2 ↓	D	Similar.
357	M. Antonius M.f.M.n. Moving with M. Antonius 32–31 B.C.	AR 3.550 16.3 ↙	D	Similar, but above, [ANT]·[AVG].
358	M. Antonius M.f.M.n. Moving with M. Antonius 32–31 B.C.	AR 3.400 17.7 ←	D	Similar, but above, [A]NT·AVG; below, [III]·[VIR]·R·P·C.
359	M. Antonius M.f.M.n. Moving with M. Antonius 32–31 B.C.	AR 3.590 19.3 ↙	D	Similar, but above, ANT·A[VG]; below, III·VIR·[R·P·C].
360	M. Antonius M.f.M.n. Moving with M. Antonius 32–31 B.C.	AR 3.490 17.0 ↘	D	Similar, but above, ANT·AVG; below, III·VIR·R·P·C.
361	M. Antonius M.f.M.n. Moving with M. Antonius 32–31 B.C.	AR 3.240 18.3 ↙	D	Similar.
362	M. Antonius M.f.M.n. Moving with M. Antonius 32–31 B.C.	AR 3.490 17.1 ↙	D	Similar.
363	M. Antonius M.f.M.n. Moving with M. Antonius 32–31 B.C.	AR 3.230 16.4 ↖	D	Similar.
364	Q. Oppius ? Laodiceia – ad- Lycum ? 88 B.C.	AE 11.345 23.2 ↖	Bronze	Head of Venus r., wearing diadem; before, star in crescent.

[356] Coin doubly perforated.

Reverse	References	Inventory
Similar.	Craw. 544/15 Syd. 1217	765
Similar, but below, LEG IIII.	Craw. 544/16 Syd. 1220	503
Similar.	Craw. 544/16 Syd. 1220	4215
Similar, but below, [LEG] V.	Craw. 544/18 Syd. 1221	504
Similar, but below, LEG VII.	Craw. 544/20 Syd. 1224	506
Similar.	Craw. 544/20 Syd. 1224	507
Similar, but below, LEG X.	Craw. 544/24 Syd. 1228	512
Similar, but below, LEG XX.	Craw. 544/36 Syd. 1243	508
Similar, but below, LEG XXI.	Craw. 544/37 Syd. 1244	505
Victory walking l., looking back, holding palm-branch in r. hand and bowl of fruit in l. hand; on l., [Q]·[O]PPIVS·PR	Craw. 550/2a Syd. 1277	5776

Index of types

Index of legends

Index of Moneyers

Index of Mints

Concordances

Sydenham	Catalogue no.
5	1
7	5
22	3, 4
26	2
65	6
76	7
77	8
83	21, 23
85	9, 10
86	11, 12
87	13
97	14, 15
108	16, 17
109	18–20
142	22
143a	24
143b	25, 26
143d	27
157b	28
182a	29
211	30
297	37
311	33, 35
313	34
314	31
338	32
354	36
366	39
377	40, 41
379	44
380	42, 43
384	46, 47
390	48
392	49
395	50
408	53
410	104
411	52
415	105, 106
417	97, 98
419	99, 100
421	103
423	101, 102
424	38
425	51
427	45
434	55

Sydenham	Catalogue no.
443	54
450	62, 63
451	64–66
455	56, 57
461	59
463	70
470	76
472	78
477	82, 83
478	89, 90
480b	86
483	87, 88
487	77
489	60, 61
490	73
494	71, 72
500	74, 75
507	80, 81
509	79
513	91
516	84, 85
522	109–111
525	67–69
527	58
529	108
530	122
531	107
532	92–96
534	117–121
535	114, 115
537	116
539a	112, 113
540	139–142
546	123–125
548	127
551	128
554	126
557	143
558	144
559	145, 146
561	129
563	130
564	131
565	147
566	148
567	149, 150
569	136, 137

Sydenham	Catalogue no.
570	132, 133
570a	134, 135
571	138
572	152
576	151
578	155, 156
582	157
585	162, 163
586	171–173
587	169, 170
588	174–178
592	158–160
593	161
595	181
597	201–203
598	153, 154
599	164
600	165
601	166, 167
603	168
609a	249
611	179, 180
658	182–187
684	193–200
691	188, 189
692	190
693	191, 192
698	204–206
699	207, 208
702	209–214
703	215–217
705	219–221
707	222
708	223
712	224, 225
715	218
721d	226
724	229, 230
724b	231
728	227, 228
732	232, 233
737	237
738	235
739	234
741	236
742a	238–240
744b	250, 251

Sydenham	Catalogue no.	Sydenham	Catalogue no.	Sydenham	Catalogue no.
745	242–244	912	288	1093	340
746	245–248	919	294	1109	336
752	270, 271	919a	291–293	1112	337
759	241	922	302–305	1117	334, 335
769	247	923	289	1138	339
770a	258, 259	926	282	1144	338
771	252–255	928	283–286	1159	332
772	256	932	296	1163	333
773	260–262	933	297	1168	341, 342
776	263	935	280	1181	345, 346
780	264, 265	942	312, 313	1195	347, 348
783	266, 267	946	311	1209	350
784	268	947	308–310	1216	351, 352
785	272, 273	953	307	1217	353–355
785a	274, 275	976	318–321	1220	356, 357
789	269	986	322	1221	358
797	276	990a	323	1224	359, 360
807	277, 278	1006	306	1228	361
808	279	1013	314, 315	1243	362
885	287	1023	324	1244	363
890	290	1026	325, 326	1277	364
900	295	1044	327	1307	344
902	281	1051	316	1322	343
906	298, 299	1054	317	1334	349
907	300	1055	329	1350	331
909	301	1071	330		

Crawford	Catalogue no.	Crawford	Catalogue no.	Crawford	Catalogue no.
16/1	1	139/1	32	235/1	59
25/3	2	164	33	236/1e	60
26/4	3, 4	166	34	236/1f	61
27/3	5	167	35	237/1	62, 63
28/3	6	179/1	36	238/1	64–66
35/5	7	183/1	37	239/1	67–69
35/6	8	187/1	38	242/1	70
38/5	9, 10	193/1	39	243/1	71, 72
38/6	11, 12	199/1a	40, 41	244/1	73
38/7	13	201/1	42, 43	245/1	74, 75
39/5	14, 15	202/1a	44	248/1	76
41/10	16, 17	203/1a	45	250/1	77
41/11	18–20	204/1	46, 47	252/1	78
44/1	21	208/1	48	256/1	79
47/2	22	210/1	49	257/1	80, 81
53/1	23	215/1	50	259	82, 83
56/3	24	217/1	51	260/1	84, 85
56/4	25, 26	219/1e	52	263/1a	86
56/6	27	220/1	53	264/1	87,88
63/4	28	224	54	265/1	89, 90
86/2	29	232/1	55	270/1	91
89/2	30	233/1	56, 57	273/1	92–96
137/1	31	234/1	58	274/1	97, 98

Crawford	Catalogue no.	Crawford	Catalogue no.	Crawford	Catalogue no.
275/1	99, 100	341/3	191, 192	422/1b	288, 289
276	101, 102	342/5b	193–200	423	290
277/1	103	343/2a	201–203	425/1	291–294
278	104	344/1a	204, 205	429/1	295
279/1	105, 106	344/1b	206	431	296
280	107	344/2b	207, 208	432	297
281	108	345/1	209–214	433/1	298, 299
282/4	109–111	345/2	215–217	433/2	300
284/1b	112, 113	346/4a	218	434/2	301
285/1	114, 115	348/1	219–221	442/1a	302–305
285/2	116	348/3	222	443	306
286/1	117–121	348/4	223	448/3	307
287	122	349	224, 225	449/1a	308–310
289	123–125	350A/1e	226	449/2	311
291	126	352/1a	227	450/2	312, 313
292/1	127	352/1c	228	458/1	314, 315
293/1	128	353/1a	229	461/1	316
296/1e	129	353/1c	230	462/2	317
297/1a	130	353/2	231	463/1a	318, 319
298/1	131	354/1	232, 233	463/1b	320, 321
299/1a	132, 133	357/1b	234	464/4	322
299/1b	134, 135	361/1	235	465/1b	323
300	136, 137	362	236	467/1a	324
301	138	363/1d	237	476/1b	325, 326
302	139–142	364/1c	238–240	479	327
303	143	367/3	241	480/17	329
304	144	372/1	242–244	480/5a	330
305/1	145, 146	372/2	245–248	483/2	331
306	147	373/1b	249	489/4	332
307/1b	148	378/1c	250, 251	489/6	333
308/1b	149, 150	379/1	252–255	494/23	334, 335
311/1a	151	379/2	256	494/27	336
312/1	152	382/1a	257	494/30	337
316/1	153, 154	383/1	258, 259	494/32	338
317/3a	155	384/1	260–262	494/36	339
317/3b	156	385/1	263	494/42a	340
318/1a	157	387/1	264, 265	496/1	341, 342
319	158–160	390/1	266, 267	497/2a	343
320	161	390/2	268	500/3	344
323	162, 163	392/1b	269	517/2	345, 346
324	164	393/1a	270, 271	529/4b	347, 348
325/1b	165	394/1a	272, 273	538/1	349
328	166, 167	394/1b	274, 275	542/2	350
330	168	403	276	544/14	351, 352
331	169, 170	405/5	277, 278	544/15	353–355
332/1a	171–173	409/2	279	544/16	556, 557
333	174–178	413	280	544/18	358
335/1a	179, 180	414	281	544/20	359, 360
336/1c	181	415/1	282	544/24	361
340/1	182–187	416/1a	283, 284	544/36	362
341/1	188, 189	416/1b	285, 286	544/37	363
341/2	190	421	287	550/2a	364

Plates

1
2
3
4
5
6
7
8
9
10

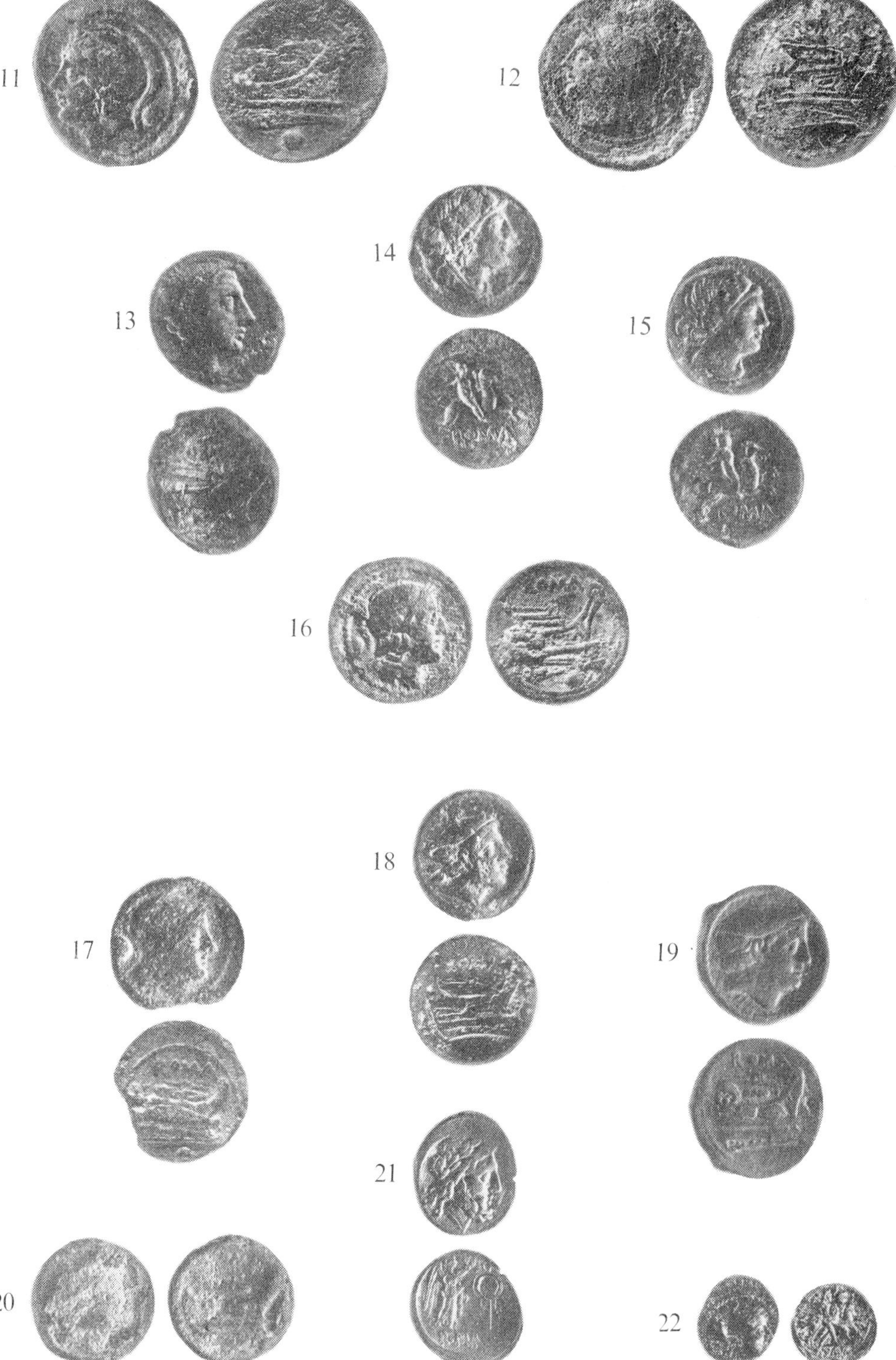
11
12
13
14
15
16
17
18
19
20
21
22

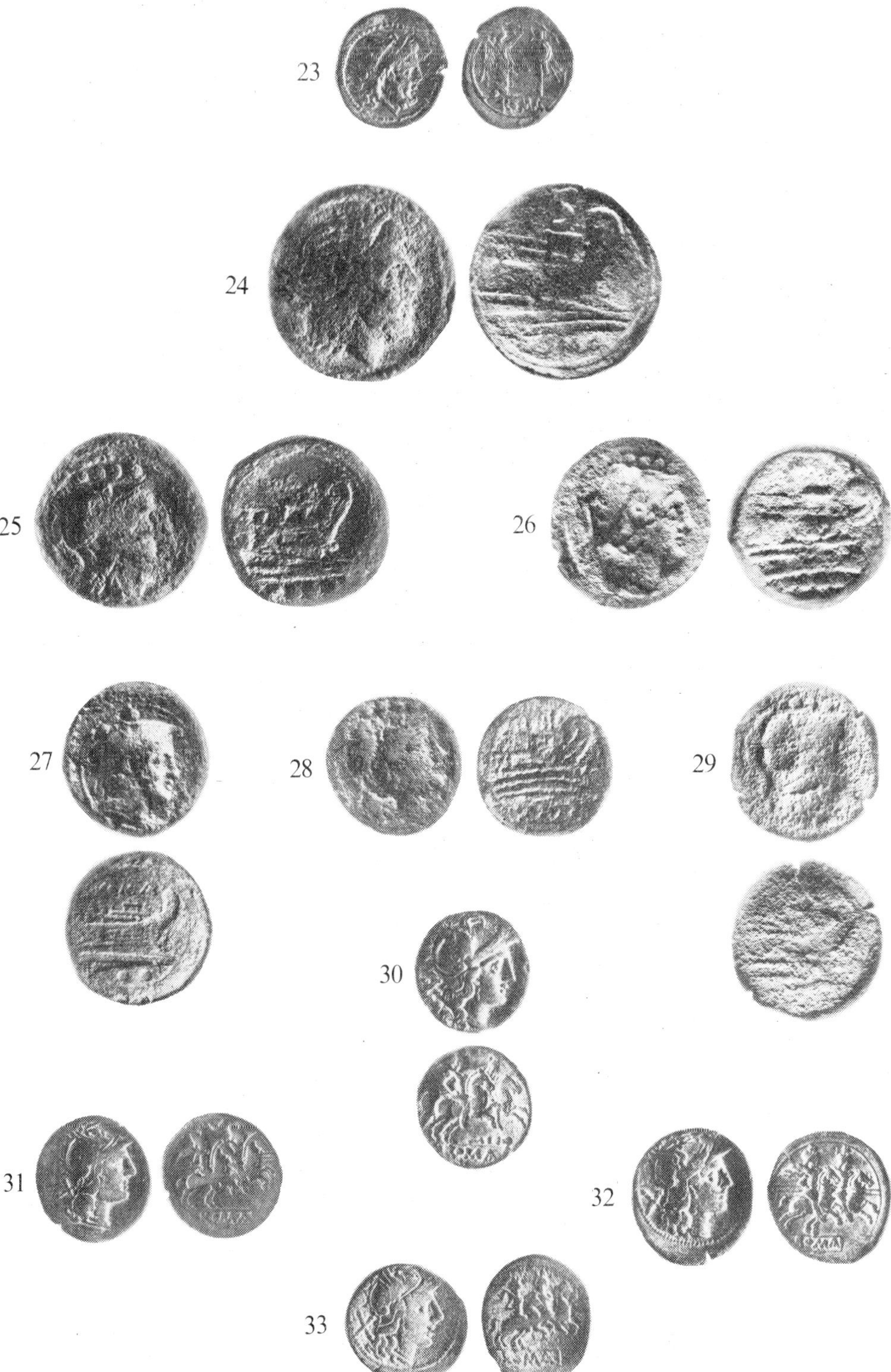
23
24
25
26
27
28
29
30
31
32
33

34
35
36
37
38
39
40
41
42
43
44

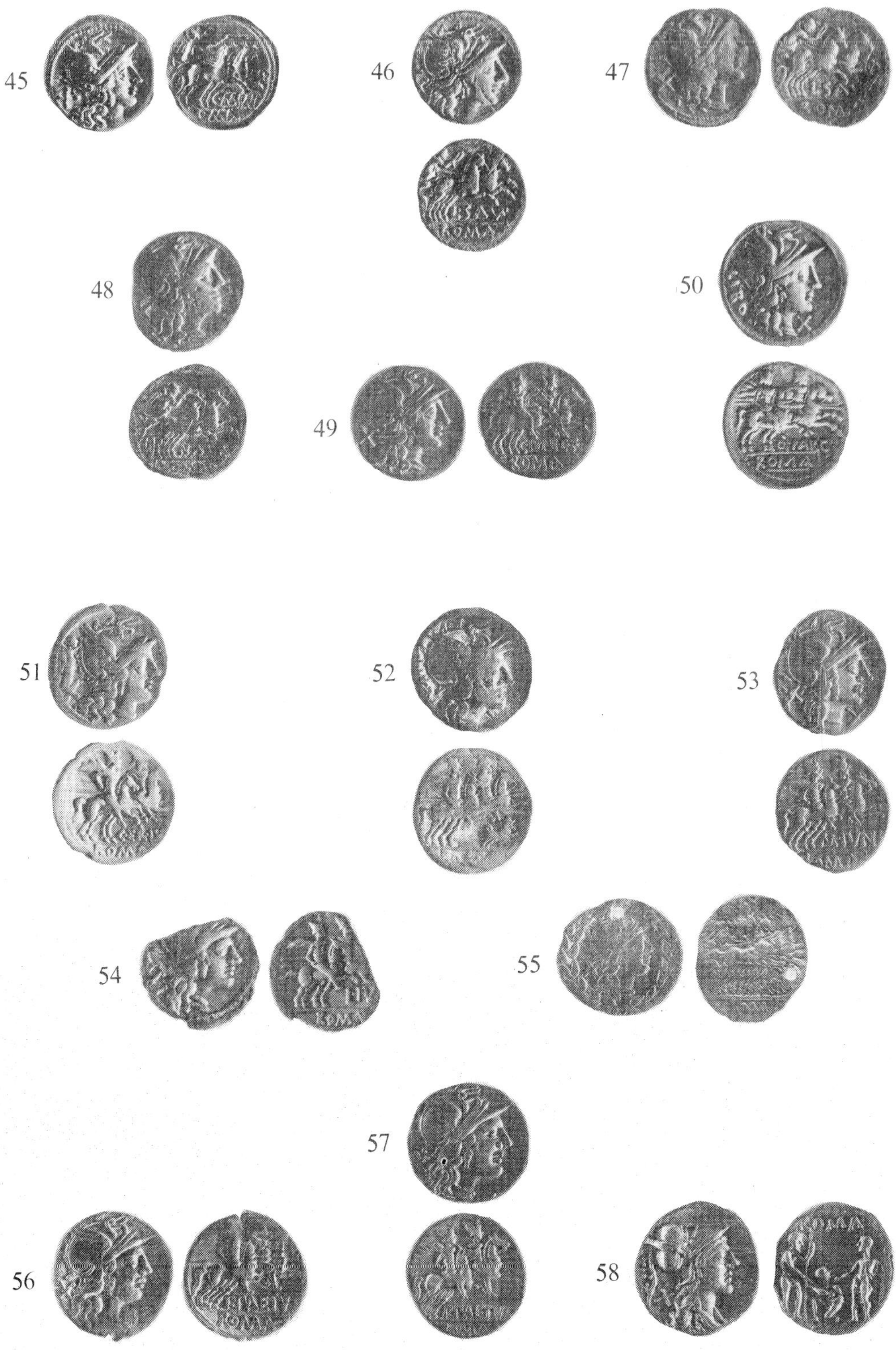
45
46
47
48
50
49
51
52
53
54
55
57
56
58

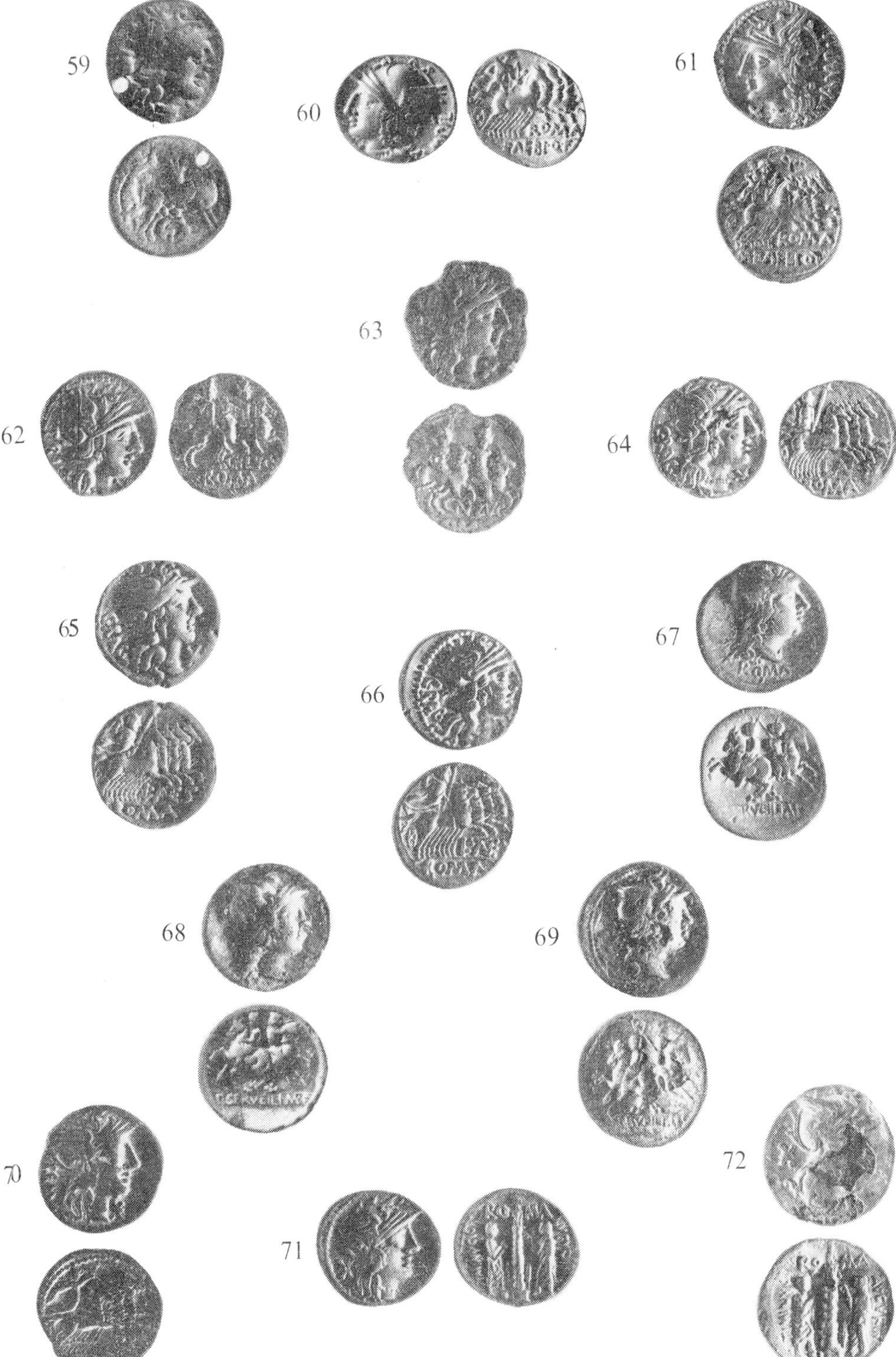
59
60
61
63
62
64
65
66
67
68
69
70
71
72

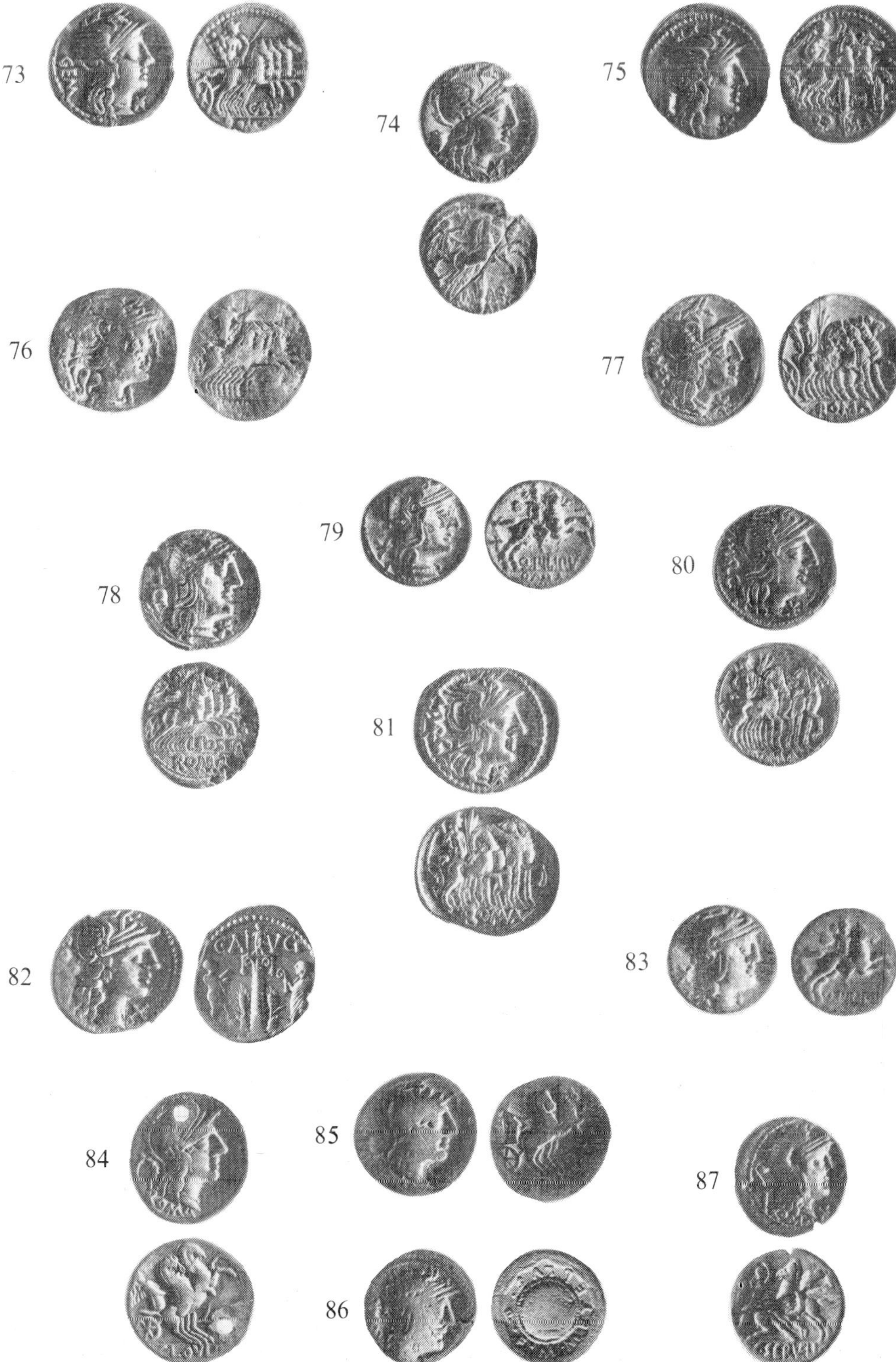
73
74
75
76
77
78
79
80
81
82
83
84
85
86
87

88 89  90  91

92  93

94

95  96  97

98

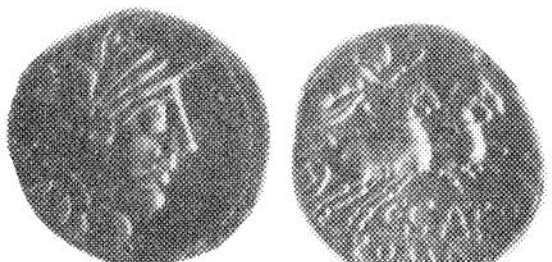

99

100

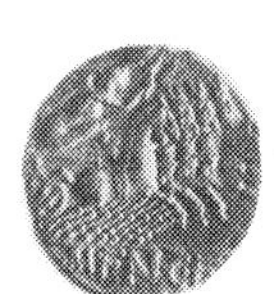

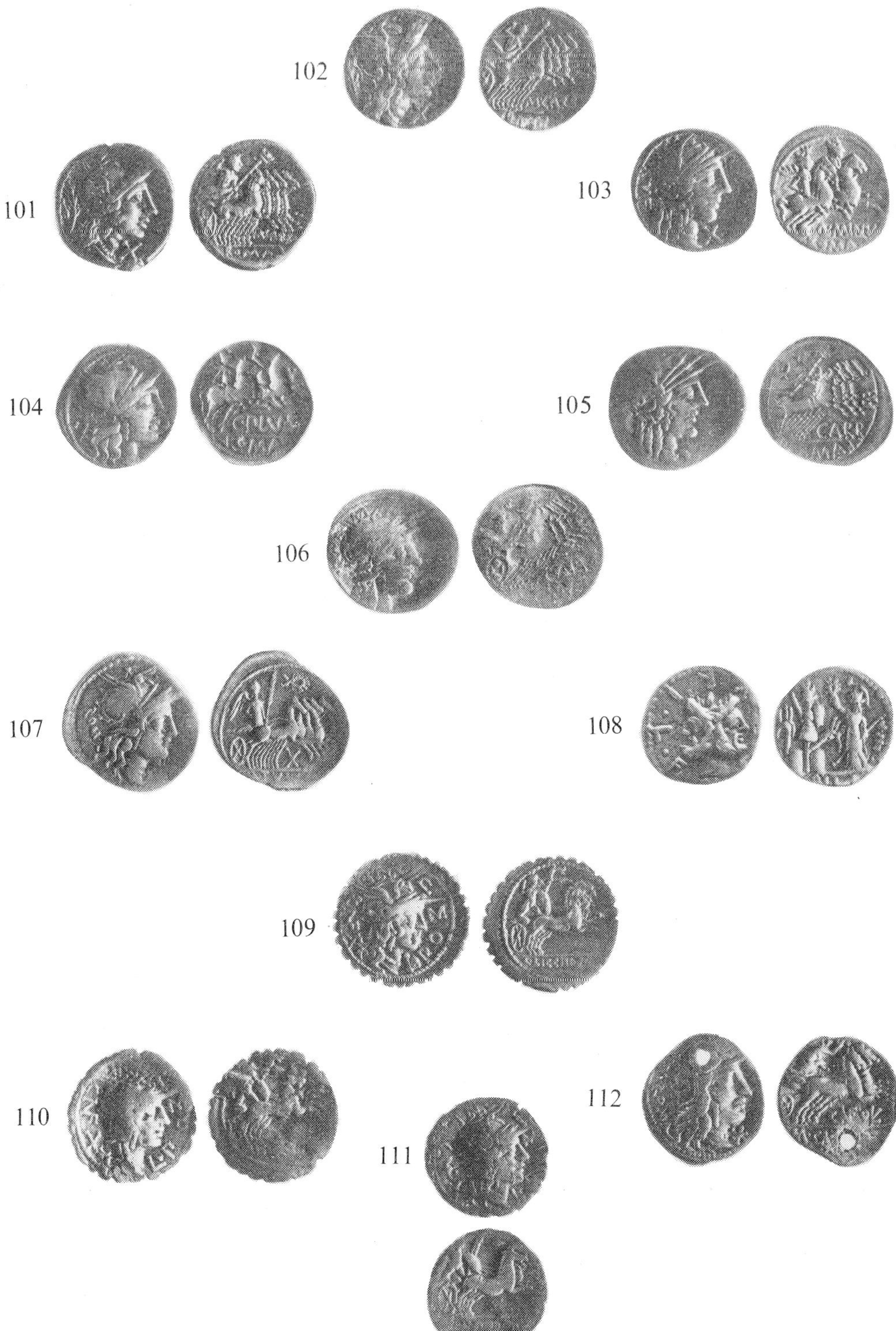
102
101
103
104
105
106
107
108
109
110
112
111

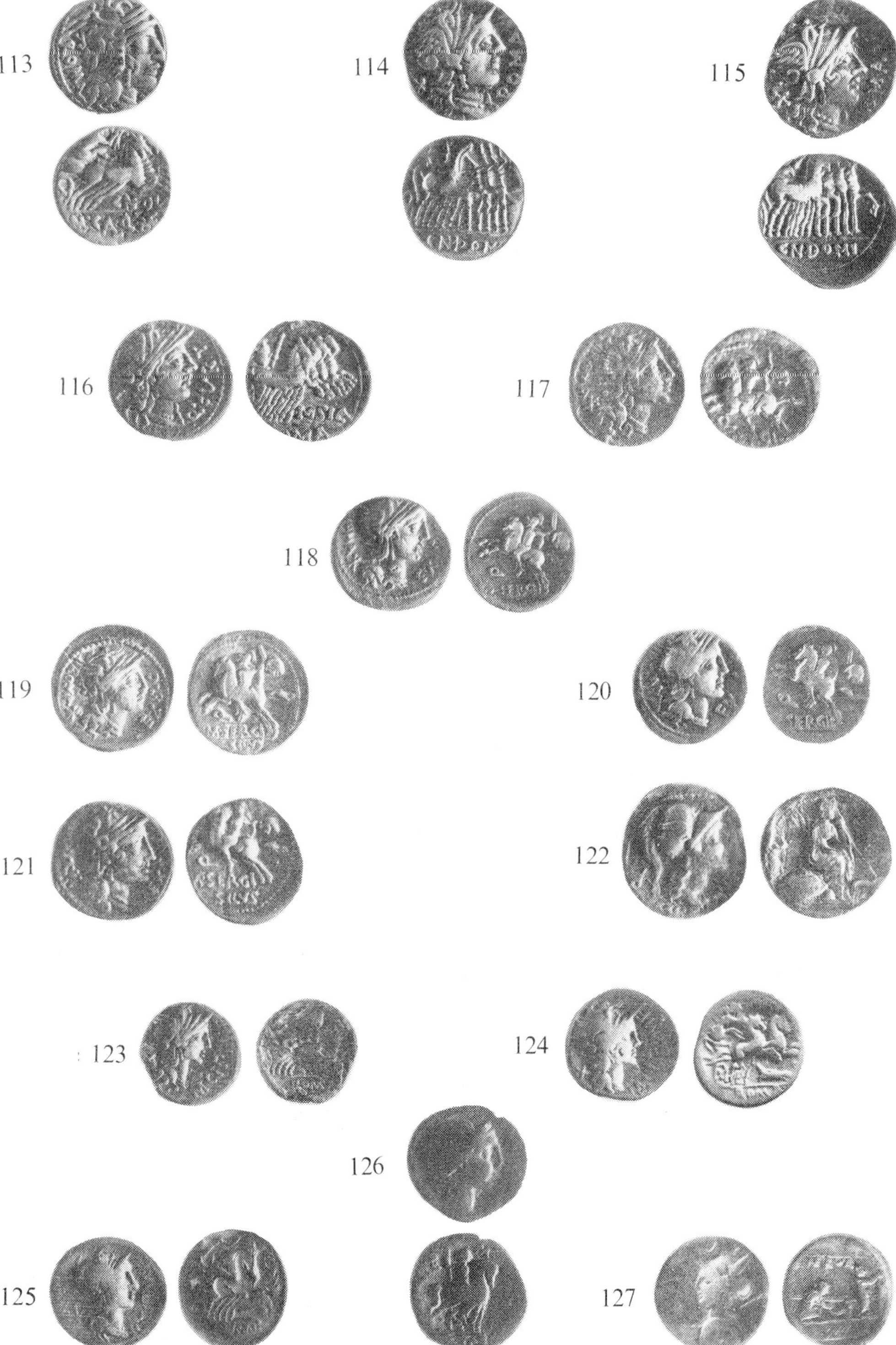
113
114
115
116
117
118
119
120
121
122
123
124
126
125
127

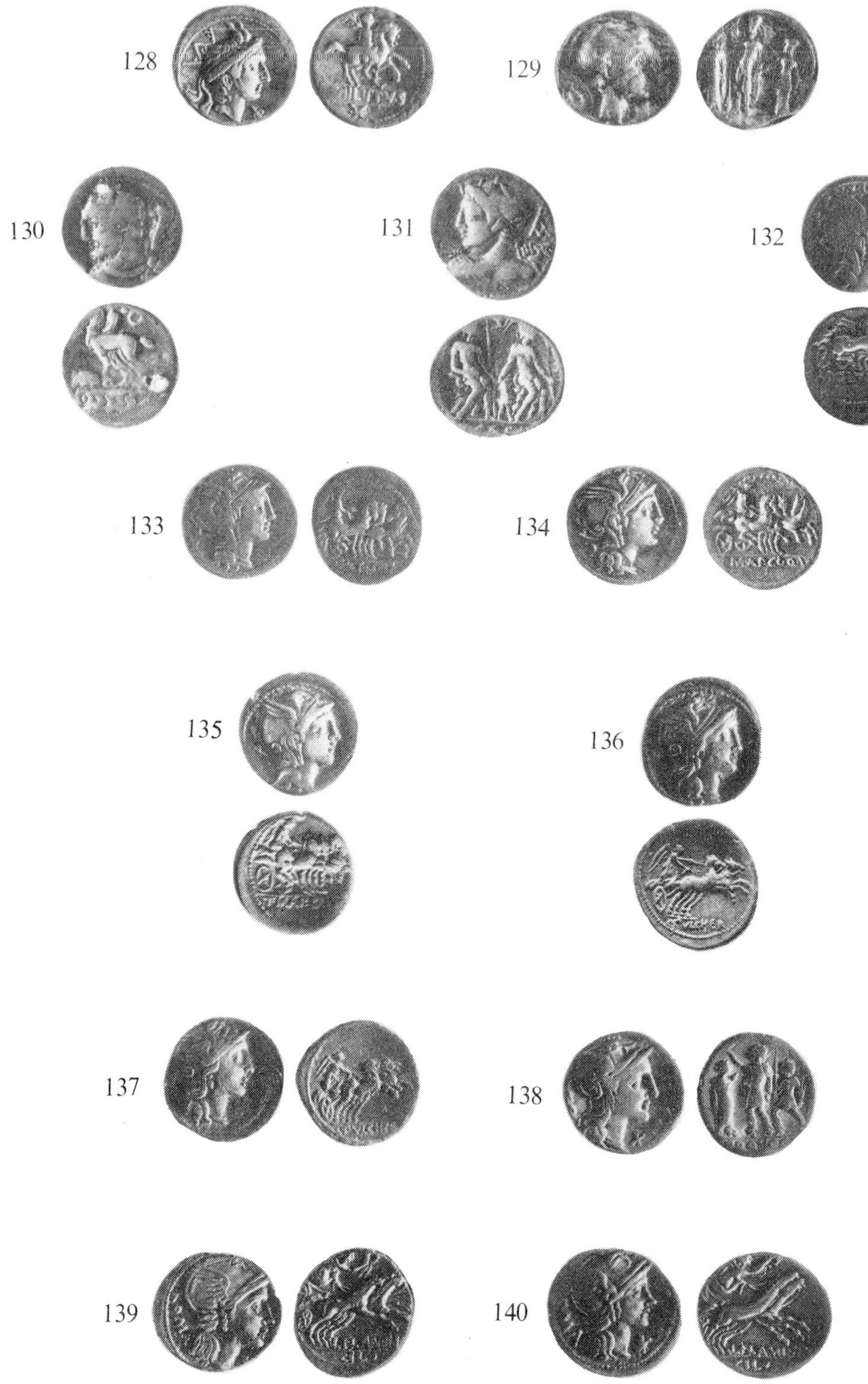
128
129
130
131
132
133
134
135
136
137
138
139
140

141
142
143
145
144
146
147
148
149
150
151
152
153
154

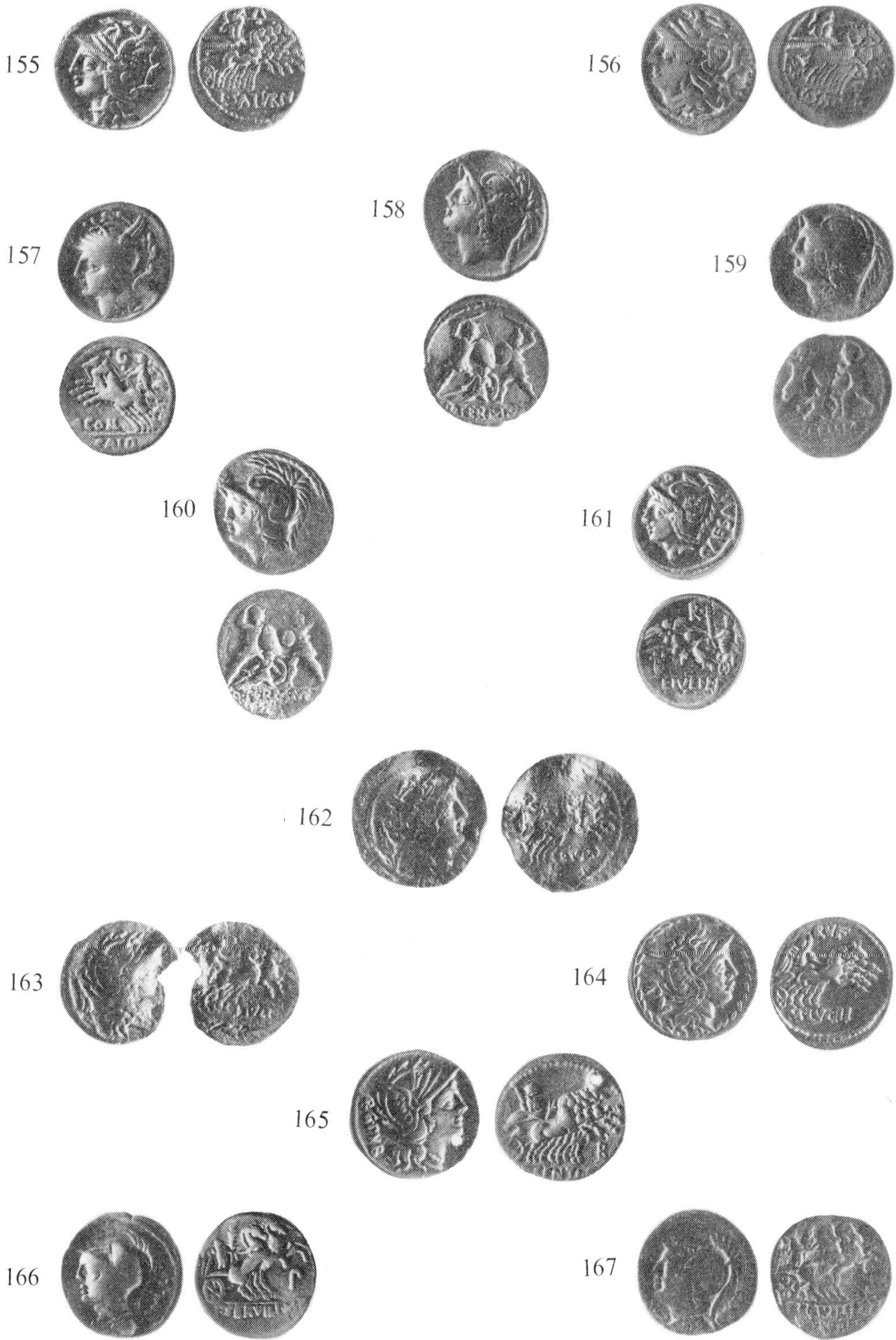
155
156
157
158
159
160
161
162
163
164
165
166
167

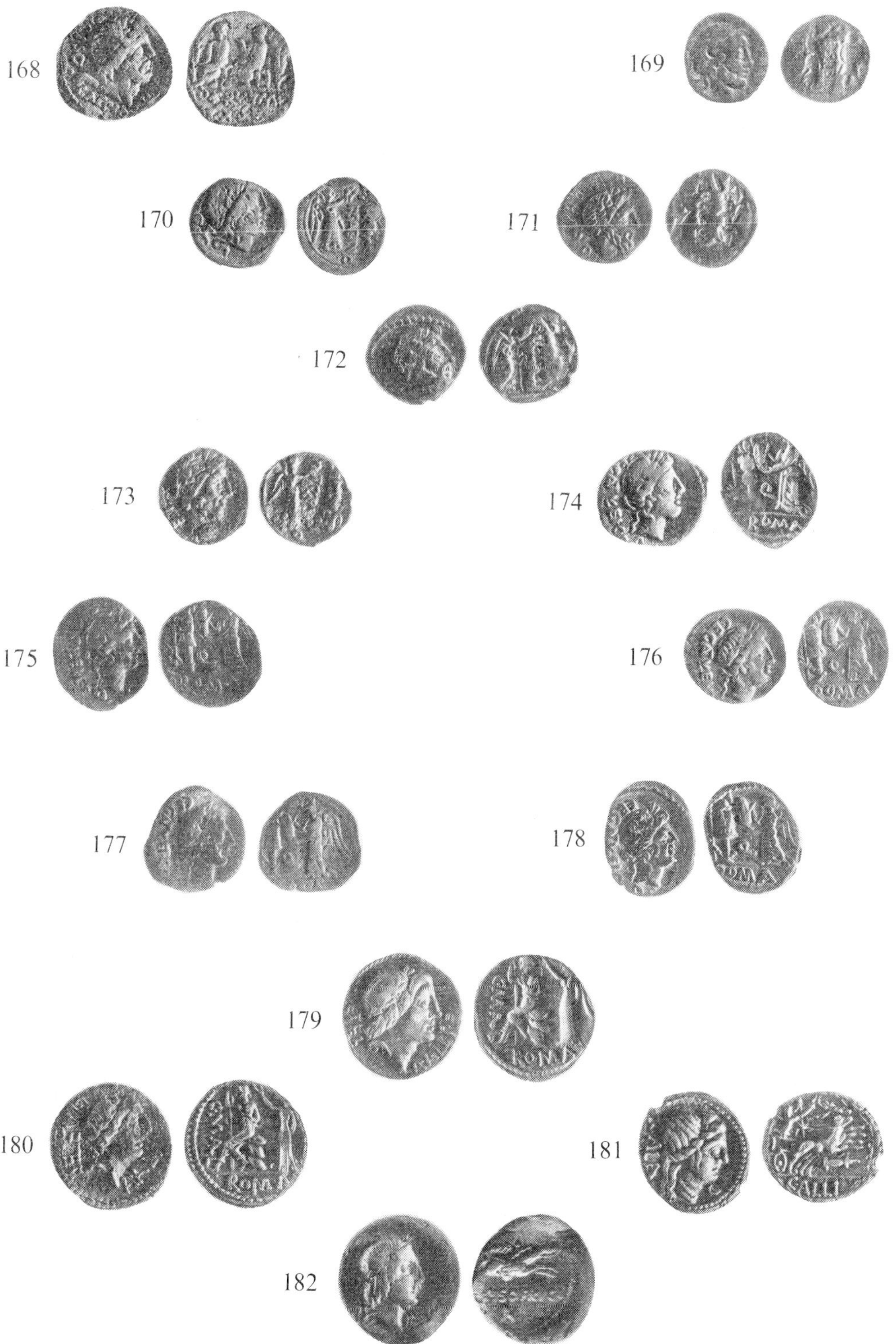
168
169
170
171
172
173
174
175
176
177
178
179
180
181
182

183
184
185
186
187
188
189
190
191
192
193
194
196
195
197
198

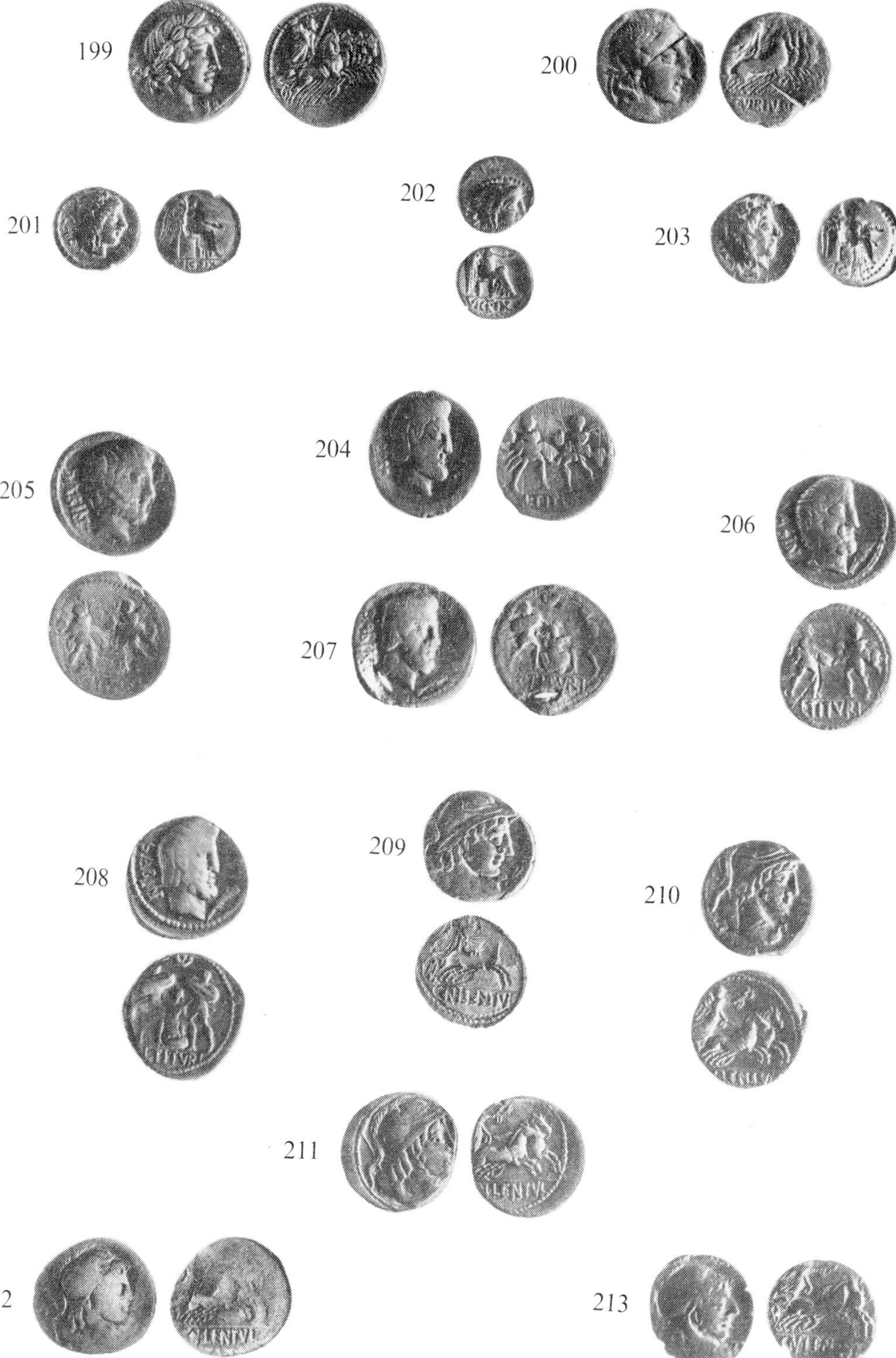
199
200
201
202
203
204
205
206
207
208
209
210
211
212
213

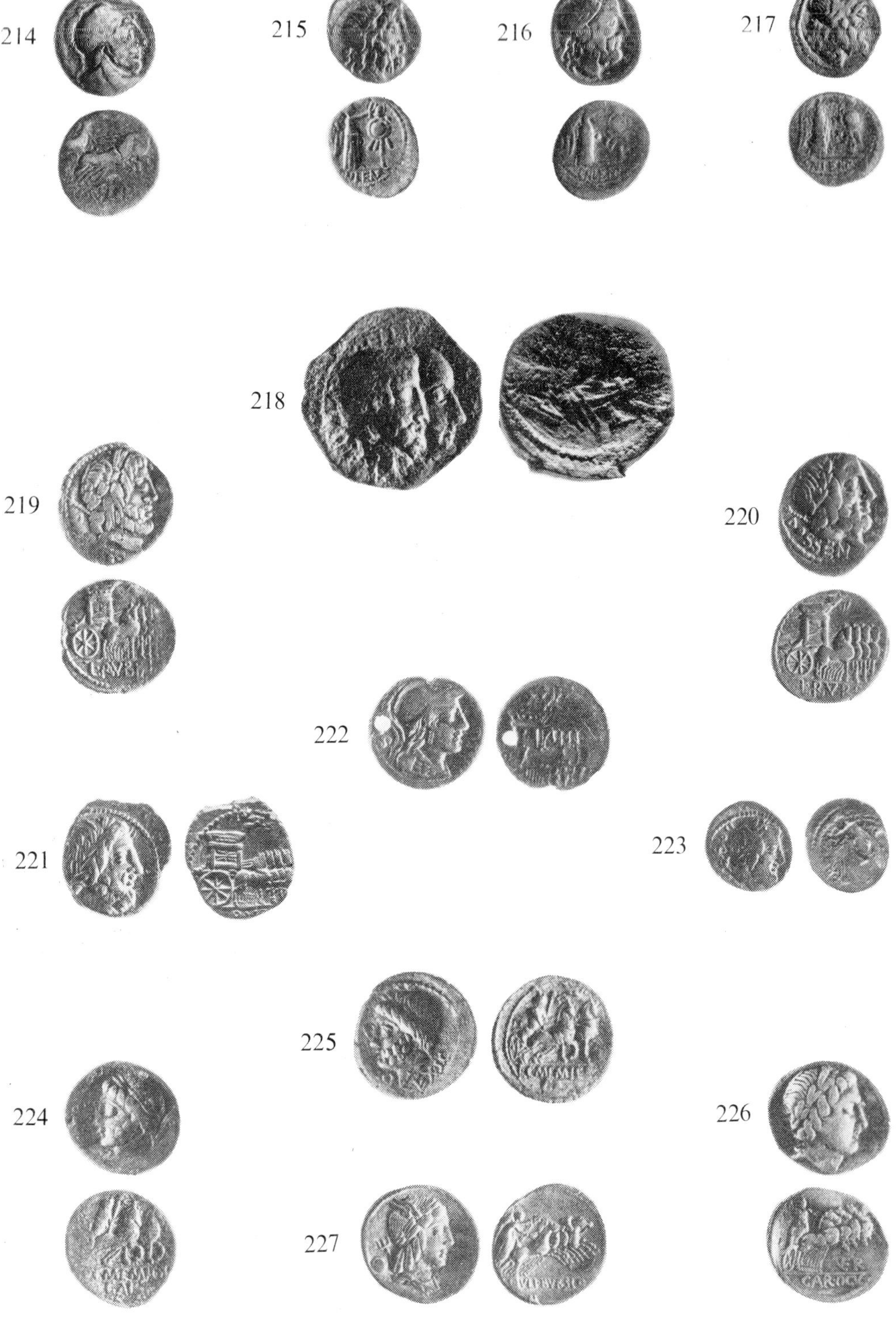
214
215
216
217
218
219
220
222
221
223
225
224
226
227

228
229
230
231
232
233
234
235
236
237
238
239
240

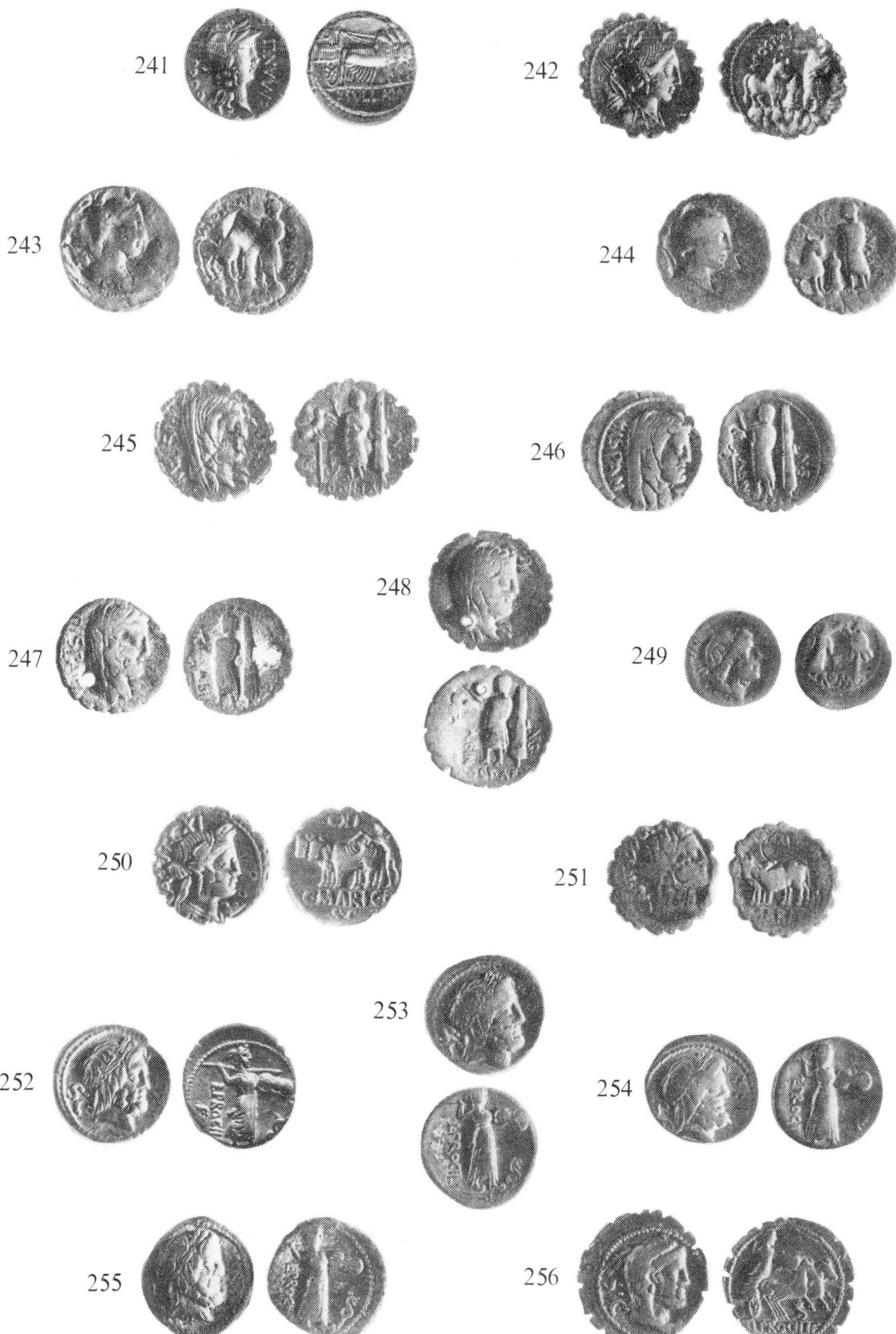
241
242
243
244
245
246
247
248
249
250
251
252
253
254
255
256

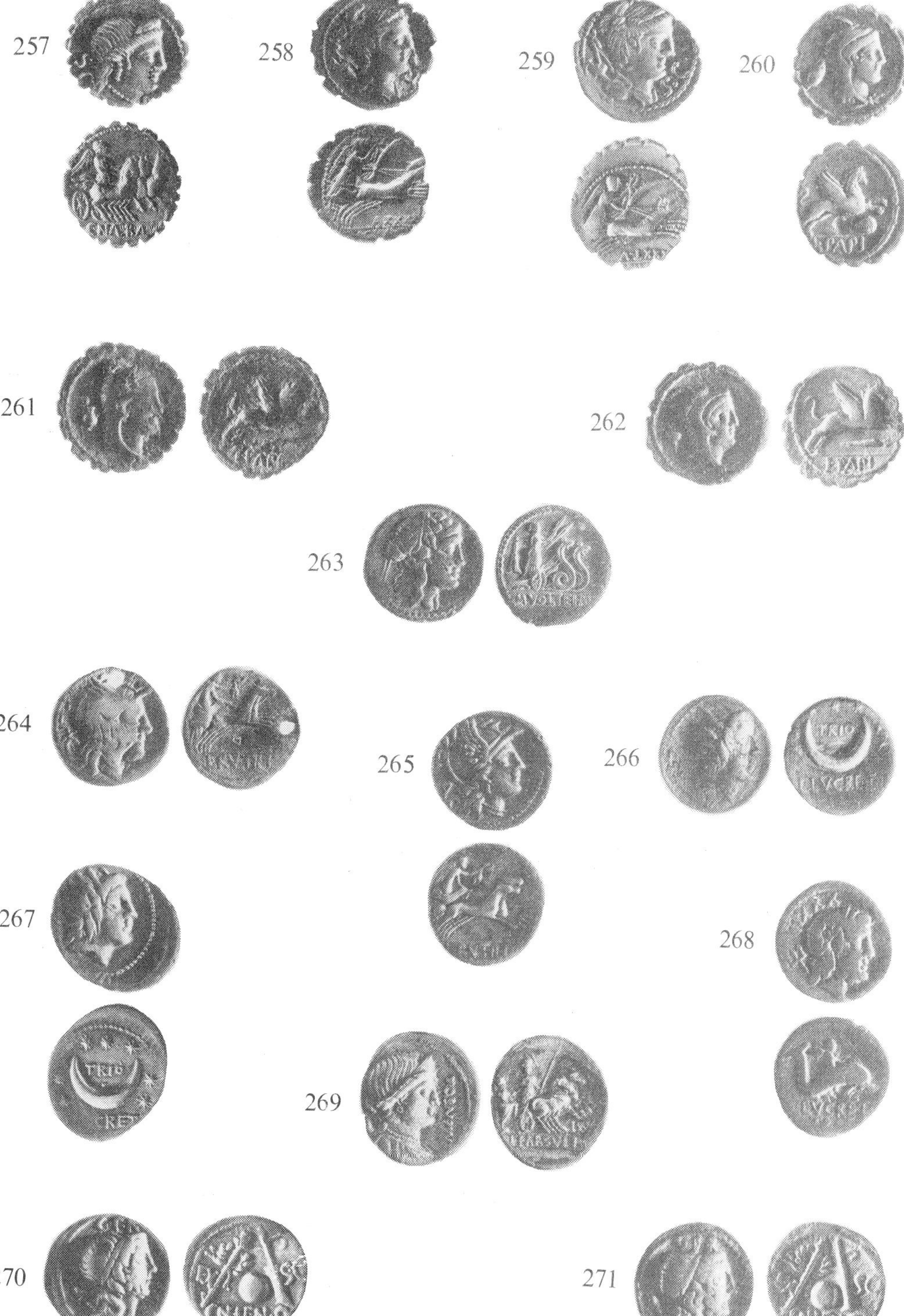
257
258
259
260
261
262
263
264
265
266
267
268
269
270
271

272
273
274
275
276
277
278
279
280
281
282
283
284
285
286

287
288
289
290
291
292
293
294
295
296
297
298
299
300
301

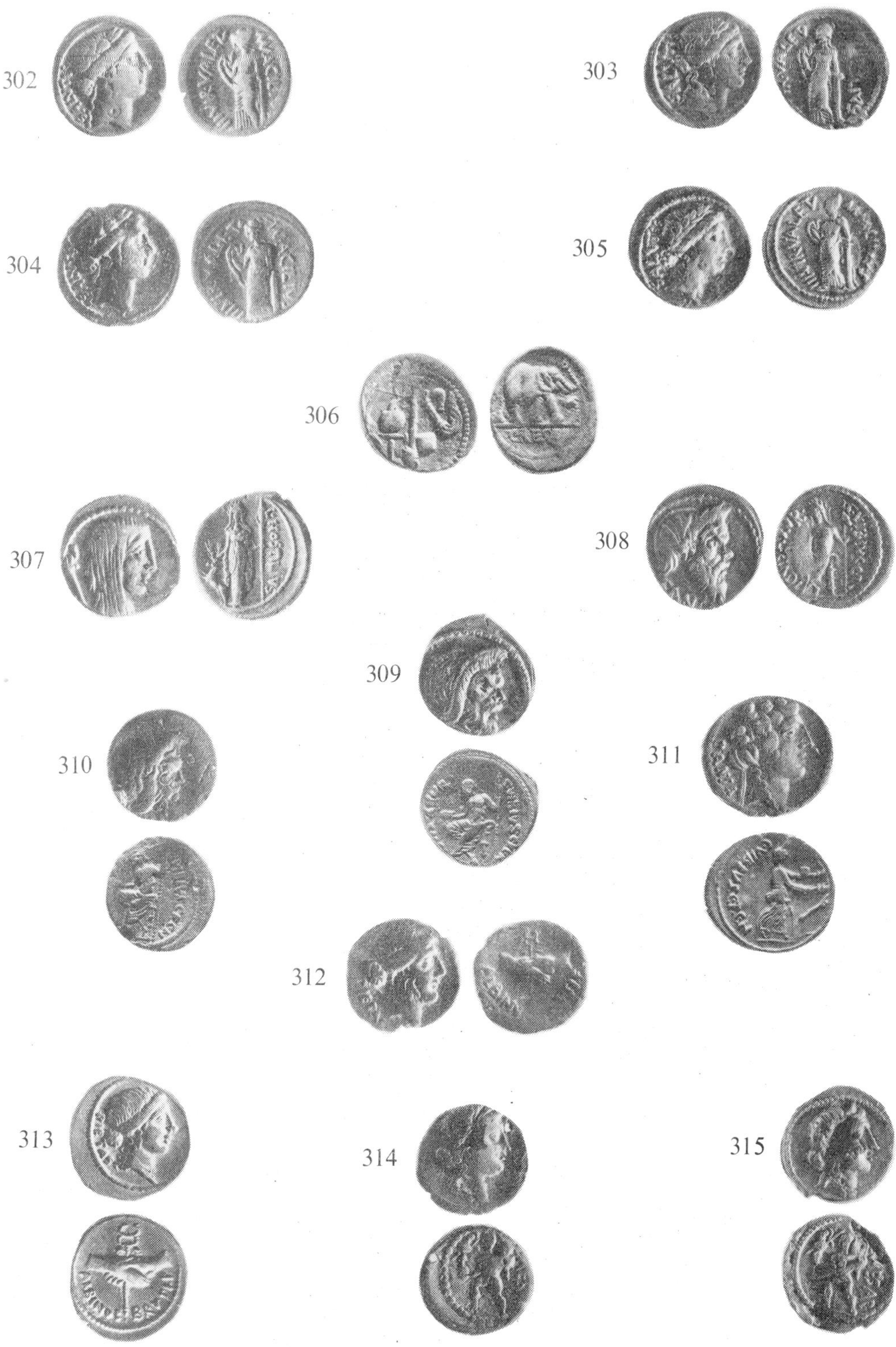
302
303
304
305
306
307
308
309
310
311
312
313
314
315

316
317
318
319
320
321
322
323
324
325
326
327

328
329
330
331
332
333
334
335
336
337
338
339
340

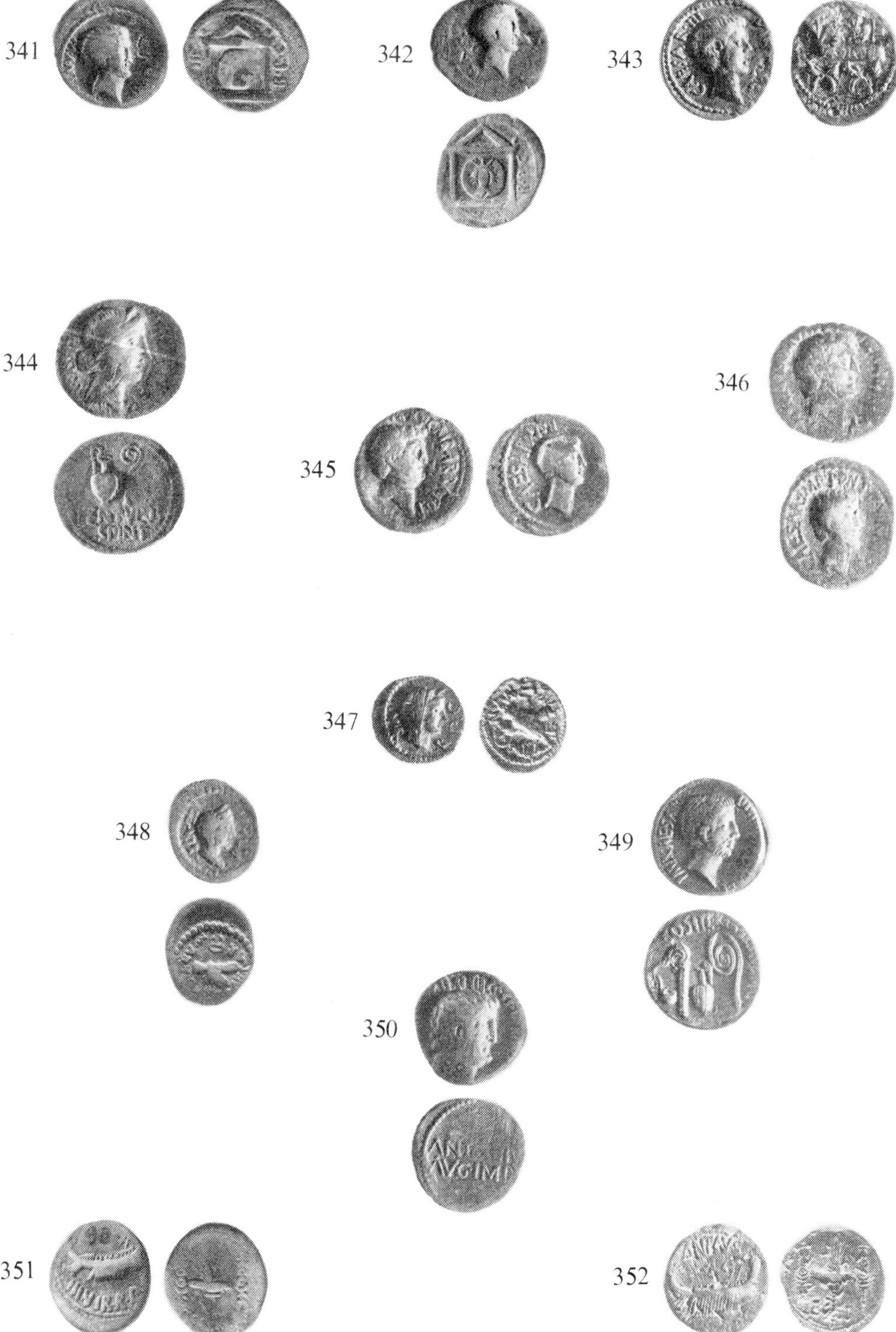
341
342
343
344
345
346
347
348
349
350
351
352

353

355

354

356

357

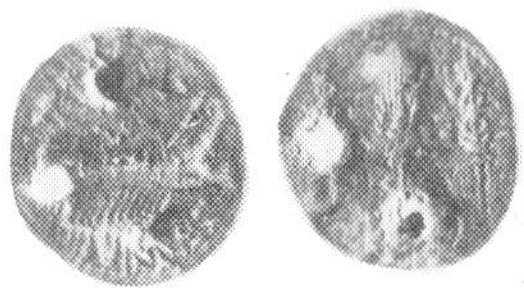

358

359

360

361

362

363

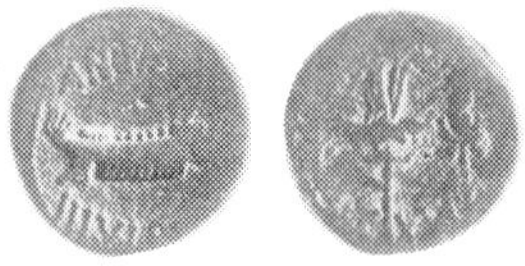

364